本书受长沙理工大学规划教材和长沙理工大学人力资源管理国家一流专业建设点资助出版

制造业企业
人力资源管理

李铁宁 ◎ 主编

中国财经出版传媒集团
经济科学出版社
Economic Science Press

·北 京·

图书在版编目（CIP）数据

制造业企业人力资源管理/李铁宁主编．--北京：
经济科学出版社，2024.8. --ISBN 978 - 7 - 5218 - 6100 - 6

Ⅰ. F426. 4

中国国家版本馆 CIP 数据核字第 20248FY839 号

责任编辑：王柳松
责任校对：王苗苗
责任印制：邱　天

制造业企业人力资源管理

李铁宁　主编

经济科学出版社出版、发行　新华书店经销

社址：北京市海淀区阜成路甲 28 号　邮编：100142

总编部电话：010 - 88191217　发行部电话：010 - 88191522

网址：www. esp. com. cn

电子邮箱：esp@ esp. com. cn

天猫网店：经济科学出版社旗舰店

网址：http：//jjkxcbs. tmall. com

固安华明印业有限公司印装

710 × 1000　16 开　13 印张　200000 字

2024 年 8 月第 1 版　2024 年 8 月第 1 次印刷

ISBN 978 - 7 - 5218 - 6100 - 6　定价：59. 00 元

（图书出现印装问题，本社负责调换。电话：010 - 88191545）

（版权所有　侵权必究　打击盗版　举报热线：010 - 88191661

QQ：2242791300　营销中心电话：010 - 88191537

电子邮箱：dbts@ esp. com. cn）

前　言

中国经济已由高速增长阶段转向高质量发展阶段。制造业是实体经济的主体，是中国国民经济的主导产业，也是供给侧结构性改革的重要领域。制造业的高质量发展，关系到经济高质量发展的全局。当前，技术创新成为推动制造业持续发展的主要动力，技术创新的关键在于人才，制造业转型升级的关键在于夯实人才基础。创新需要各层次人才，要构建适合科研人员、企业家、管理人员、技能工人等各类人才的薪酬体系和收入增长机制，吸引优秀人才进入制造业。使"人才红利"成为中国摆脱全球价值链"低端锁定"进而实现国家经济可持续发展的新动能（张兴祥，2020）。基于对以上制造业发展对国民经济发展重要意义的考虑，针对制造业企业技术创新对人才管理的迫切需求，亟须编著一本制造业企业人力资源管理教材。

2021 年 12 月，教育部副部长吴岩在第 12 届新华网教育论坛强调指出："教材是人才培养的主要剧本，教学改革改到实处是教材。"然而，市面上鲜见有关制造业企业人力资源管理的教材，因此，本教材编写组力求打造一本制造业企业的人力资源管理教材，满足学习者和企业实务工作者的需求。全书共分为七章：第一章概论，介绍了中国制造业企业的分类和发展历程，当代制造业企业的性质特点，制造业企业人力资源管理的主要内容以及对企业管理的意义作用；第二章制造业企业人力资源规划，介绍规划方法、供需关系及平衡；第三章制造业企业工作分析，介绍制造业企业工作分析方法、职务说明书、工作设计；第四章制造业企业招聘管理，介绍制造业企业招聘流程、招聘渠道、人员甄选及其技术；第五章制造业企业培训，介绍制造业企业培训流程、培训实施、培训协议、培训方法选择、培训模式以及培训成果转化和培训效果评估；第六章制造业企业绩效考核，介绍制造业企业绩效考核的特点、主体选择、考核方法选择、考核指标设计、考核过程控制；第七章制造业企业薪酬设计，介绍制造业企业薪酬水平设计、薪酬体系设计、薪酬结构设计。

本教材内容丰富、灵活实用、简明扼要，多层次、多角度地阐释了制造业企业人力资源管理的基本理论知识和实务操作。本教材的特色是将制造业企业的性质和特点融入人力资源管理各职能中，分析了制造业企业或智能制造对人力资源管理各项职能的客观要求，针对制造业企业内部典型部门的代表性岗位，深入探讨了各职能岗位在实际工作中的核心任务。在课程思政方面，培养学生敬业奉献、精益求精、爱国为民、修业、敬业、乐业、精业的工匠精神，通过介绍中国制造业取得的成就，培养学生的爱国热情和家国情怀。

本教材可作为高等院校人力资源管理专业的专业选修课教材，为方便读者核对各章后测验题，教材还提供了各章小测验答案二维码。

长沙理工大学经济与管理学院企业管理系李铁宁副教授负责本教材第一章和第七章的写作，以及全书修改完善和统稿工作。其余各章分工如下：郭梦瑶讲师负责第二章、第三章写作；易丹讲师负责第四章写作；胡韩莉讲师负责第五章、第六章写作。在教材前期调研和编写过程中，很多国内制造业企业的人力资源管理工作者也对教材编写提供了帮助并提出有益建议，在此表示诚挚的谢意。最后，一并向为本教材校对工作付出辛勤劳动的硕士生刘坤东同学、邓淳耀同学、吴圣霞同学、信怡伸同学、杨佳同学，表示感谢！

　　鉴于编著者水平有限，收集整理的资料不够完整、全面，难免出现纰漏甚至错误，敬请读者批评指正！

各章小测验答案

李铁宁

2024.1

目　录

第一章 概论

课程思政

1. 价值塑造

- 树立爱国主义信念，增强集体荣誉感
- 增强道路自信、理论自信、制度自信、文化自信
- 增强社会责任感，培育报效国家的家国情怀

2. 知识传授

- 通过介绍中国制造业类别及其发展，让学生了解中国制造业取得的成就
- 通过学习先进制造业企业的特点，理解制造业企业人力资源管理的特殊性及其内容
- 了解当代制造业企业人力资源管理对制造业企业转型升级的重要作用和重要意义

3. 能力培养

- 培养学生从宏观到微观、透过现象看本质的能力
- 培养学生的自信心，树立爱国主义信心，培养为国家制造业服务的志向和信心

学习目标

- 掌握：制造业企业人力资源管理的内容
- 理解：当代制造业企业的特点
- 了解：中国制造业分类、发展现状及取得的辉煌成就

以帮助制造业企业最大限度地利用有限的资源，对多变的市场信息和市场环境进行智能化处理，有效地提高制造业企业的经济效益（郭存德，2019）。

（3）当代制造业企业以大数据和互联网为平台。

大数据技术是制造业企业智能化升级过程中必不可少的一个元素（郭存德，2019）。随着互联网与制造业日益融合，工业化与信息化也日益融合。制造业企业不仅能够运用大数据技术在第一时间获取市场信息，而且能将信息实时用于从产品研发到产品销售的诸多环节，使各个流程都能越发精准、及时地满足客户需求（刘胜，陈秀英，2019）。

（4）当代制造业企业多采取"多品种、小批量"的柔性制造。

在互联网时代，当代制造业企业已经从传统"单品种、大批量"的生产模式转向"多品种、小批量"的柔性制造模式。生产模式从粗放式、规模化、标准化生产逐步转变为定制化、个性化与分布式生产（李永红，王晟，2017）。工作场所采用以"生产岛"为特征的生产布局方式。同时，智能化的生产模式，将客户个性化的需求融入产品中（延建林，孔德婧，2015）。以客户需求为目标进行个性化生产定制，通过与客户保持实时互动，让客户参与产品制造的每个具体生产环节，关注产品生产过程（高煜，2019）。

（5）当代制造业企业一线工作人员趋向采取灵活用工形式。

当代制造业企业用工存在较强的周期性。制造业企业用工量在生产旺季和生产淡季存在较大差异，这个用工特点要求制造业企业采取弹性用工形式。在柔性化生产模式下，国内多数制造业企业通常采取劳务派遣方式和外包用工方式来应对生产产能的波动。

（6）当代制造业企业对一线工作人员素质能力的要求日益提高。

传统的制造业企业一线工人，多以操作技能为典型特征。而随着智能化与制造业的日益融合，制造业企业对一线生产人员素质能力的要求大大提升，国内不少先进制造业企业甚至要求工人会编程或能够从事数控机床的操作。由此可见，当代先进制造业企业对掌握数字化的技术工人和智能制造工程技术人员的需求十分迫切。

（7）制造业企业绿色低碳转型。

2020 年 9 月，中国承诺力争在 2030 年前实现碳达峰，2060 年前实现碳中和。然而，富煤、少气、缺油的能源资源特征，决定了中国能源结构以煤炭为主。全球能源互联网发展合作组织的数据显示，2019 年中国能源生产与转换行业、工业、交通运输业、建筑业领域碳排放占能源活动碳排放的比重分别为 47%、36%、9%、8%。碳排放的产业大户依次为电力、工业、交通和建筑，几乎占到全国碳排放量的 90% 以上。[①] 中国是全球最大的发展中国家，也是最大的碳排放国家，中华人民共和国国家统计局统计数据显示，2020 年全国碳排放量达 9 893.5 百万吨。在"双碳"目标下，中国制造业正朝着绿色低碳发展。

第三节　制造业企业人力资源管理的内容

基于第二节对当代制造业企业特点的分析，本节重点介绍教材各章的内容，本书特色之一是力图把制造业企业的特点与人力资源管理工作有机融合起来。

（1）制造业企业人力资源规划。

企业人力资源规划是指，企业预测未来的组织任务和组织环境对组织的要求，即根据组织任务和组织管理的环境对组织的要求制定人力资源管理行动方针的过程（赵曙明，2021）。本书重点探讨制造业企业人力资源的供给和需求及其供需平衡问题。基于当代制造业企业的特点，介绍了制造业企业人力资源规划流程和人力资源规划方法。尤其是面对当今高水平技术工人和工程技术人员短缺的现状，如何做好制造业企业人力资源供需

[①]　全球能源互联网发展合作组织 2022 年公布的《中国 2030 年前碳达峰研究报告》。

规划，是国内诸多制造业企业面临的紧迫问题。

（2）制造业企业工作分析。

工作分析是通过一定的技术方法，对目标工作的性质、特点等进行分析，从而为企业管理尤其是人力资源管理提供基础信息，涉及工作任务与工作职责、工作环境以及任职资格等方面（陈俊梁，2017）。本书重点探讨岗位职责和任职资格，基于当代制造业企业的特点，介绍了制造业企业工作分析的相关概念、基本流程、方法等，并介绍了重点工作分析的一般方法、职务说明书的撰写以及工作设计。

（3）制造业企业招聘管理。

招聘管理是指组织尤其是人力资源管理部门根据工作需要，为了企业发展，依据岗位说明书和人才配备标准，通过一系列程序和方法，将符合岗位任职条件的申请者吸引并录用到组织内的过程（刘善仕，王雁飞，2021）。本书基于当代制造业企业的特点，介绍了制造业企业招聘的基本概念、基本流程、招聘渠道以及人员甄选及其技术。

（4）制造业企业培训。

培训是企业为了开展业务、提高整体绩效、实现企业目标而对员工的知识、态度、行为和技能等方面实施的有目的、有计划、有针对性的培养活动和训练活动，能最大限度帮助员工实现能力与预期职能相匹配，助力企业发展（刘善仕，王雁飞，2021）。本书基于当代制造业企业的特点，介绍了制造业企业培训的相关概念、基本流程、培训组织实施以及如何进行培训的需求分析、实施、评估。

（5）制造业企业绩效考核。

绩效考核是绩效管理的六个主要步骤之一，其目的在于考察和衡量员工在多大程度上表现出组织期望的行为以及达成组织期待其实现的结果（刘昕，2020）。本书基于当代制造业企业的特点，介绍了制造业企业绩效考核的相关概念、基本流程、考核主体、考核指标、考核方法的选择和考核过程控制。

（6）制造业企业薪酬设计。

薪酬管理是组织针对员工所提供的劳动和服务，确定他们应当得到的报酬总额、报酬结构和报酬形式的过程（赵曙明，2021）。本书所探讨的薪酬设计，主要包括薪酬体系选择和薪酬结构设计两部分。本书基于当代制造业企业的特点，介绍了制造业企业薪酬设计的相关概念和基本流程。特别地，以制造业企业典型性、代表性的研发岗位和生产岗位等为例，重点分析了这些岗位应该选择的职位薪酬、技能薪酬、能力薪酬。探讨这些岗位的薪酬等级、薪酬级差、薪酬幅度、薪酬重叠等薪酬结构设计问题。

第四节　当代制造业企业人力资源管理的作用和意义

中国传统的制造业属于劳动密集型行业，劳动力人口规模大、文化素质偏低、技能落后，人才队伍活力不足，人力资源管理相对落后（陆美，2018）。随着传统制造业向智能化方向转型升级，智能制造会对传统制造业的各项人力资源管理工作产生影响或特殊的要求。因此，当代制造业智能化转型升级，必然要求人力资源管理各项工作做出必要的优化调整。

国内不少制造业企业积极运用大数据和人工智能技术进行人力资源管理。例如，在人力资源规划方面，运用大数据技术来预测企业用工、劳动力分析、预测发展规划诊断等。依托信息化管理手段，加强全球化人才的管理与开发，努力发展世界范围内的能为己所用的经理人和高尖技术领军人才（陆美，2018）。在招聘方面，利用大数据对人才进行数字画像，利用人工智能有效地识别简历，智能诊断简历。在培训方面，运用大数据技术进行培训需求分析、员工培训需求预测和风险评估及培训成效评估。利用互联网技术，打造学习型组织，完善人才培养机制（陆美，2018）。在绩效考核方面，运用大数据分析技术，对绩效结果进行量化和可视化分析。在薪酬激励方面，充分运用大数据分析建立绩效激励机制。企业应充分利用大数据进行分析考核，鼓励年轻员工忠于自己的职业，追求并实现自我价值，并根据员工的实际情况和个性化的需求，建立健全科学、合理的绩效激励机制，挖掘员工潜能（陆美，2018）；在劳动关系方面，利用大数据进行劳动纠纷分析、离职情感挖掘、离职风险预测等。

综上所述，探讨在大数据和智能制造转型升级过程中，制造业企业人力资源管理如何优化调整，对于助力制造业企业转型升级，实现制造业高质量发展，具有极其重要的理论意义和实践价值。

思考题

1. 中国以智能制造为代表的先进制造业的特点及其对人力资源管理的客观要求。

2. 当代先进制造业企业人力资源管理对中国制造业转型升级的作用和意义。

小测验

1. 按照《国民经济行业分类——制造业》（GB/T 4754—2017）有关行业分类的标准，中国制造业可以细分为_____个子行业。

2. 全球经济以_____为主要特征，_____是数字经济的皇冠，必将成为世界强国抢占数字经济高端领域的焦点。

3. 亿欧智库指出，国内智能制造发展状况大体分为两大梯队：第一梯队为_____，第二梯队为_____。

4. 制造业智能化的升级过程中必不可少的一个元素是_____。

第二章　制造业企业人力资源规划

课程思政 ————————————————————

1. 价值塑造

- 培养战略发展思维
- 培养人才资源储备和科学使用人才的理念

2. 知识传授

- 制造业企业人力资源供给和需求预测的方法及其平衡策略
- 制造业企业人力资源规划对企业战略的支撑作用

3. 能力培养

- 培养将平衡思想运用于人力资源规划工作的能力
- 培养通过数据进行人力资源规划的思维能力
- 培养前瞻性的预见能力

学习目标 ————————————————————

- 掌握：制造业企业人力资源规划的方法以及平衡规划
- 理解：制造业企业战略与人力资源规划的关系
- 了解：制造业企业人力资源规划程序、原则及意义

第一节　制造业企业人力资源规划概述

人力资源规划是制造业企业人力资源管理中不可或缺的重要组成部

分，科学的人力资源规划以企业发展战略为纲（Judie et al.，2012），能保障制造业企业战略的落地和各项人力资源管理活动的有序进行。制造业企业的人力资源规划包括对企业人力资源需求和人力资源供给的评估，以及提出缩小需求与供给差距的机制（John and Robert，2019）。当前，在信息技术发展和"双循环"新格局下，传统制造业正朝着智能化、服务化、绿色化转型升级，这对制造业企业人力资源规划提出了新的要求，通过开展科学的人力资源规划，能够解决制造业企业在转型升级过程中存在的人力资源管理问题，从而推动制造业的高质量发展。

一、制造业企业战略

战略是制造业企业的行动方案，确定企业战略是进行战略规划的前提，企业战略所要解决的问题是"我们将要进入哪些业务领域？"。2015年，"中国制造 2025"被提出。"要实施'中国制造 2025'，坚持创新驱动、智能转型、强化基础、绿色发展，加快从制造大国转向制造强国"。[①]"中国制造 2025"国家发展战略为制造业的未来发展指出了明确方向，智能制造成为制造业企业转型升级的必然方向（赵福全，刘宗巍，2016）。如国内工程机械龙头——三一重工，就将数字化、国际化和电动化作为企业的核心发展战略。[②] 企业发展战略决定了公司的业务投资组合形式以及各业务模块之间的关系。

制造业企业高层管理人员需要根据公司内外部环境制定公司的总体发展战略，并为各业务单元制定竞争战略，然后，各部门根据公司总体战略制定本部门的职能战略，从而支撑整体战略和业务单元战略的发展。如人力资源部门或其负责人制定人力资源管理战略，市场营销部门或其负责人制定市场营销战略。

对人力资源部门而言，战略性人力资源管理意味着，人力资源部门需

---

① 中国政府网 . http：//www. gov. cn/xinwen/2015 - 06/17/content_ 2880559. htm.

② 三一集团 . https：//www. sanygroup. com/introduction/.

要为了帮助制造业企业满足实现总体战略目标所需的员工胜任素质和行为而制定和实施一系列人力资源政策和措施。由此可以看出,各项人力资源管理活动与政策需要与制造业企业的总体战略相匹配,在此过程中,需要对结果加以衡量。基于战略的衡量指标是,关注有利于企业战略实施的活动并进行衡量,例如,制造业在国际化、数字化、智能化转型过程中,需要大量相关人才,企业就会对能参与企业国际化转型的员工给予补贴,并对员工进行编程培训和技能认证等。由此可见,人力资源管理实践的变化,会促进企业战略性衡量指标的数值上升。此外,制造业企业正不断使用数据挖掘技术对员工数据进行筛选并形成数据库,确认数据之间的相关性,从而帮助企业改进对员工的甄选方式并优化不同的人力资源管理实践。例如,制造业企业利用数据挖掘技术来分析生产设备在运行过程中产生的报警信号和实际故障之间的关系,以实现对设备故障的诊断;制造业企业利用大数据和数据挖掘技术对资源调度过程进行管理和优化,从而降低生产成本,提高生产效率。

二、制造业企业人力资源规划

(一) 基本概念

制造业企业人力资源规划是指,根据制造业企业发展的战略目标,通过综合考虑制造业企业内外部环境,预测企业人力资源需求和供给,从而制定人力资源平衡计划,使得制造业企业在发展中不断实现人员优化配置的过程。根据这一定义可以看出,制造业企业的人力资源规划包括四方面:一是人力资源规划方案的制定以制造业企业总体发展战略为基本原则,企业战略对人力资源规划具有指导作用(赵曙明,高素英和耿春杰,2011);二是人力资源规划并非一成不变,而是随着制造业企业战略的变化进行调整;三是人力资源规划具有前瞻性和先导性,是制造业企业实现人力资源供需平衡的重要手段;四是制造业企业需要制定相应的保障措施来保障人力资源规划的实施。

（二） 制造业企业人力资源规划流程

制造业企业人力资源规划流程，如图 2 - 1 所示。

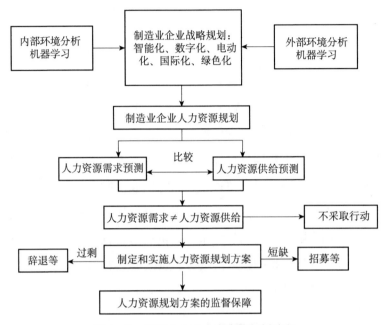

图 2 - 1　制造业企业人力资源规划流程

资料来源：笔者绘制。

制造业企业的发展战略是制定人力资源规划的方向标，据此对一线工人、研发人员、销售人员等员工的数量和质量进行规划设计。

第一，根据规划期限的时间长短，制造业企业会进行短期规划、中期规划和长期规划。

（1）短期规划是1年以内的规划，通常为具体的工作规划，具有任务明确、措施具体的特点。比如，对制造业企业营销部门明年的市场销售额进行规划。

（2）中期规划是1~5年的规划，包括企业经营发展的总体要求和对未来发展趋势的判断，具有方针政策明确但没有短期规划规定的具体工作措施的特点。比如，制造业企业会根据绿色化、智能化和数字化来规划每一年产品怎么做，哪些地方要进行突破，哪些地方要进行效能改善，营销上如何进行市场布局等。

（3）长期规划是5年以上的规划，是指导性规划，只针对规划进行方向性论述，概括说明企业总的发展方向、原则和方针政策，并无具体的行动方案和行动措施。如制造业企业将智能制造作为核心战略之一；制造业企业应大力推进规划碳达峰行动，加快对企业的绿色低碳改造。

这三种规划相辅相成，即长期规划对短期规划、中期规划进行指导，短期规划、中期规划的实施又保障了长期规划的实现。

第二，从层次上看，制造业企业的人力资源规划可分为总体规划和业务规划。

（1）总体规划是方向性把握，是对计划期内企业发展总目标、总政策的安排。

（2）业务规划是具体的实施计划，是总体计划的展开，主要包括招聘计划、培训计划、晋升计划、薪酬与激励计划、营销计划等。如制造业企业针对智能制造、数字化转型，对既懂智能化又懂操作技术的复合型人才的招聘计划。总体规划和业务规划构成一个整体，共同发挥作用，支撑着企业战略的发展。

中国劳动力的年龄结构和文化素质结构的变化，也给制造业企业的人力资源规划带来了新的机遇和挑战。根据第七次人口普查数据，2020年中国65岁及以上的人口占比达到13.5%，劳动力人口数量比2010年减少4 000万人，老龄化程度不断加深导致制造业的劳动力成本不断攀升（咸金坤，兰袁，汪伟，2022），劳动力短缺导致制造业的低技术劳动力不断被工业机器人取代，这也促进了制造业向智能化、自动化的发展（Michel，Bjorn and Lambert，2014）。在汽车制造业，工业机器人代替了人们从事有毒有害、低温高温等危险环境中的工作，常用于上下料、喷漆、焊接等工作。从劳动者文化素质结构来看，新生代劳动力有着较高的学历，对职业有着更高预期，劳动密集型的制造业已经不完全符合新生代的择业标准，平台经济的发展也让更多人选择灵活就业，出现了"宁可送外卖也不进工厂"的现象，这也加速了制造业企业的智能化转型。

　　以往人力资源管理者根据战略目标，对人力资源供需进行预测并制定供需平衡规划，在日益复杂的环境下，企业需要更迅速、准确地获取内外部信息并做出决策，若缺乏对内外部信息的充分了解和分析，则很容易做出有偏差甚至错误的决策。随着人工智能和大数据技术的飞速发展，不少制造业企业开始使用大数据进行科学、有效的人力资源规划，大数据为企业进行人力资源规划提供了强大的数据支撑。机器学习能帮助人力资源部门做出更好的规划，大数据挖掘和知识发现技术进一步促进了信息的收集（张敏，赵宜萱，2022），对大数据的分析，有利于决策者及时、准确地了解企业内部状况，并掌握、判断外部环境风险。此外，机器学习也帮助人力资源管理者从简单、重复的工作中解脱，从而有更多时间关注战略性人力资源规划和人才管理（赵曙明，张敏和赵宜萱，2019）。值得注意的是，人工智能和大数据的应用会带来海量数据，其中，包含大量无效信息和错误信息，这就需要人力资源管理人员进行筛选和甄别。

三、制造业企业人力资源规划的原则与意义

（一）制造业企业人力资源规划的原则

　　制造业企业人力资源规划需要结合企业的发展战略规划，服务于企业的发展战略目标。因此，在制定人力资源规划方案时，需要坚持以下四个基本原则。

1. 战略性原则

　　人力资源规划工作需要以企业的发展战略作为纲领性指导，并围绕发展战略制定相关的人力资源规划方案，以确保实现公司发展战略目标为根本遵循。人力资源规划方案要与企业发展战略保持一致，且要结合员工的发展需要，将员工个人发展与企业发展紧密结合，最终有利于实现企业的发展战略目标。企业在制定人力资源规划方案时，要坚持以企业总体发展战略为基本原则，并且，要随着企业的发展战略动态调整人力资源规划。

2. 系统性原则

企业人力资源规划是企业人力资源战略布局的重要依据，需要用全局性视野，从企业整体发展战略基础上进行制定，并综合考虑企业所处的内外部环境以及发展现状。从企业内部而言，人力资源规划的制定要考虑企业各部门之间的对等关系以及协同关系，考虑企业人力资源政策与人才开发培训的需要。从企业外部而言，要考虑人力资源市场的整体情况。企业需要结合内外部人力资源环境特征，对人力资源做出系统性分析和规划。

3. 稳定性与动态性相结合的原则

对制造业企业而言，关键岗位人员的工作能力和稳定性，将对企业的生产经营产生非常重要的影响。制造业企业人力资源规划要对关键岗位人员的供给状况和需求状况进行科学预测，建立有效的员工激励方案，提高员工待遇，保障关键岗位员工的稳定性。在信息快速交互的当下，人力资源是动态的、流动的。对国家而言，可以通过制定政策引导人才合理流动；对组织而言，可以对人的工作进行适时的纵向调整或横向调整；对个人而言，则有自主择业的权利。人才流动是绝对的，人才在流动中寻找适合自己的位置，组织则在流动中寻找适合组织要求和发展的人才。因此，人力资源规划要保持一种动态性态势，使人才在流动中得到优化配置。

4. 发展性

企业进行人力资源规划的目的是，期望通过提高人力资源的利用率，促进企业发展战略的实现，其作用机制在于挖掘员工价值。企业人力资源规划不能仅关注企业发展而忽视员工的利益诉求，这会极大地影响员工的工作热情，可能降低员工对企业的忠诚度，进而影响企业发展。因此，人力资源规划需要同时兼顾企业和员工的发展诉求，保持企业发展和员工发展相一致。制造业企业在制定人力资源规划时，一定要注重员工个人价值的实现，保障员工的个人利益和发展。

（二）制造业企业人力资源规划的意义

1. 促进企业发展战略的落实

人构成企业运行的主导力量，企业之间的竞争归根结底是人力资源的竞争。无论是身处国内、国际哪个市场，无论是大型制造业企业还是小型制造业企业，要想形成竞争优势、实现发展战略目标，都必须要以人才为核心。制造业企业发展战略是企业对未来发展的规划，是企业实现战略目标的有效路径。企业总体发展战略的落实需要各个职能层战略的支撑，而人力资源战略是一个关系到企业发展的重要职能层战略。企业在落实发展战略时，需要加强人力资源管理工作，为企业发展制定科学的人力资源规划，储备优质的人力资源。因此，科学完善的人力资源规划，有助于企业发展战略的实现。

2. 提升人力资源管理的效能

对于制造业企业而言，人力资源规划是人力资源管理工作的重点。制造业企业人力资源规划是一项系统性的综合工作，涉及员工晋升、培训、岗位分配等多个方面。企业要想为人力资源管理做出科学的指导，就需要全面把握人力资源的供需情况。企业利用科学的人力资源规划，可以让招聘、提拔、培训、激励等管理职能更加完备，发挥更高效的作用，提高人力资源管理效率。

3. 降低企业的人工成本

制造业企业人力资源在为企业发展服务的同时，企业也需要为此支付相应的成本。优质的企业管理是在投入成本尽可能低的情况下，实现企业利润最大化。这就对企业的人力资源管理提出了较高要求。能否科学规划人力资源，将公司发展与人力资源相匹配，既降低人力资源冗余，又满足企业发展的人力资源需要，是制造业企业人力资源规划需要考虑的焦点问题。人力资源规划可以科学配置企业的人力资源，让企业各个部门的构成和各个岗位员工的配置更加合理，让员工各尽其责，增强人力资源的利用效率，有助于构建一支高效的人才队伍，从而降低企业的人力资源成本，促进企业发展。

第二节　制造业企业人力资源规划方法

一、制造业企业人力资源需求预测

在大数据时代，制造业企业管理人员可以利用大数据收集员工的各种相关数据信息，快速、准确地掌握员工的真实情况。如出生年月、教育经历、政治面貌等人口统计学特征信息都可以被快速地获取，对于曾经的实习经历和工作经历等信息也可以通过网络实现共享，还可以基于大数据技术管理企业员工的内部考评。此外，根据企业人员流动情况以及员工的个人发展规划，人力资源管理部门可以通过数据分析系统对员工的结构、数量、质量等进行静态分析，还可以对岗位空缺所需求的人数进行动态分析，明确哪些空缺岗位可以通过内部招聘或培训获得，而哪些空缺岗位需要通过外部招聘获得。由此，借助数据的收集、统计和分析，制造业企业人力资源管理部门能更准确、客观地制定与企业目标相一致的企业人力资源规划。

大数据技术改变了传统制造行业的一些工业管理流程。简单的工作流程可能会被自动化替代，而复杂性工作的需求会增加，对员工的知识与能力的要求也会提高。这对于企业人力资源管理而言，需要在招聘上对人才提出更高的综合能力要求，获得复合型人才。从组织变革角度来说，人工智能可能会替代企业中的部分工作岗位，在这种情况下，企业需要考虑哪些岗位需要被调整或最终被淘汰（Dessler，2017）。

（一）制造业企业人力资源需求的含义

人力资源需求是企业对人才数量和人才素质的综合诉求。人力资源需求的起点，是基于制造业企业的总体战略布局、战略规划和工作任务。不同数量与不同素质的人才需求，既要满足制造业企业组织当前的业务活动，也要考虑其未来发展所应配备的人力资源。换言之，人力资源需求是制造业企业为了维持生产和服务所需要的人力资源数量、质量等，而人力资源需求预测，是对企业未来需要的人力资源进行估计的过程。

（二）制造业企业人力资源需求的影响因素

当今世界正经历着全球百年未有之大变局：国际经济的大循环动能日趋减弱；全球产业链的格局正在向区域化、多元化演变。在这一背景下，党的十九大报告明确指出，我国经济已由高速增长阶段转向高质量发展阶段。制造业的高质量发展，一方面，是利用新基建、智能化改造以及数字化转型升级；另一方面，是向管理要效益，增强制造业企业的组织能力建设。

近年来，中国的工业经济发展取得了举世瞩目的成就，制造业总量连续稳居世界第一。但与此同时，目前中国制造业整体上大而不强，还处于全球价值链的中低端。制造业企业在生产及服务等方面均存在各种人力资源需求，具体需求也受到投入产出比例以及劳动生产效率等因素的影响。例如，当制造业企业扩大生产、增加产品和服务时，就需要更多工作人员；反之，当市场下行或预测市场对企业的产品需求下降时，就要减少员工人数。而伴随着企业自动化水平的提高，企业部分人力资源数量也将减少，但对人员的知识技术与技能的要求也会随之提高。当然，员工的数量还与多种因素有关，例如，为了降低成本，提高工作效率，在保持现有产出甚至提高现有产出的前提下，也可能减少员工数量。随着环境的动态变化，企业对人力资源的需求也发生了动态变化，具体表现为岗位的工作特性及相关的工作技能将随着技术的不断发展而产生变化。为了确保组织战略目标和任务的实现，企业必须重视对人力资源需求的预测。

1. 外部因素

制造业企业的发展离不开所处的外部环境，传统的外部环境分析主要基于政治（political）、经济（economic）、社会（social）和技术（technological）视角，即 PEST 宏观环境分析范式。而随着数字化转型的出现，对宏观环境的四个方面也会产生重要的影响。

（1）政治环境。自 2015 年以来，国务院的各部门相继制定"中国制造 2025""互联网 +"等多项相关产业政策,用来推动工业互联网的发展。十九大报告中提出要"推动互联网、大数据、人工智能和实体经济深度融合"[①] 之后,从国家层面到地方层面,各部门纷纷落地并加大了对工业互联网行业相关政策的扶持力度。

(2) 经济环境。自 2015 年《中国制造"2025"》发布以来,中国制造业的融资数量和融资规模显著增长;2016 ~ 2018 年,中国智能制造迎来了融资高峰,融资数量为 942 件,融资金额达到 325.15 亿美元,中国智能制造发展动力强劲。

(3) 社会环境。随着中国人口老龄化程度加剧,未来劳动力人口占比将减少,人口红利逐步下降。随着技术进步,工业智能化发展成为必然趋势。"90 后"甚至"00 后"员工逐渐步入职场,作为新一代的力量,他们普遍表现出倡导自我创新和积极思维的鲜明个性,这就意味着传统的人力资源管理可能发生改变,可能促使原本重视组织规则的上下级管理观念做出转变。

(4) 技术环境。当前,数字化、信息化发展已成为制造业企业不可逆的趋势,诸如大数据分析、智能机器人、3D 打印、AI 算法、机器学习、云计算等技术,被逐步应用于企业生产流程,通过嵌入供应链,最终为客户交付产品和服务,技术的变革逐步成为制造业发展的内生动能。[②]"互联网 +"时代,使提升人才管理效率以及数据化和信息化的人力资源管理成为大势所趋。技术的进步能帮助企业节约成本,创造更多利润,也对制造业企业发展智能型、复合型人才提出了要求。

2. 内部因素

制造业企业的数字化、智能化战略目标决定了企业新的发展方向和发展速度,规划了企业新产品的研发与投入,并确认了产品的市场覆盖率等。这些都是影响制造业企业人力资源需求的重要因素。此外,企业预算

---

① 前瞻产业研究院. 我国智能制造的融资高峰,创业热度不减. 2019 - 08 - 29. https://f. qianzhan. com/zhinengzhizao/detail/190829 - 6e4bbcce. html.

② 《2021 中国制造行业人才白皮书》,北森人才管理研究院,2021。

以及产品销售预测，也会对人力资源需求产生直接影响。为了应对数智化浪潮，制造业企业需要建立新的部门或分公司，这必然会导致人力资源需求量增加。目前，企业人员的状况也会对人力资源需求产生重要影响，如退休、辞职人员数量、休假人数以及合同期满后终止合同的人员等，都会对人力资源需求量产生影响。

（三）人力资源需求预测技术

1. 德尔菲法（Delphi methool）

德尔菲法，也被称为专家评估法，是指通过听取专家的意见对企业未来人力资源需求进行分析评估的方法，这一过程需要多次重复以达成一致的意见，多采用问卷调查方式，是一种定性预测技术。德尔菲法一般分四轮进行。

第一轮，企业依据人力资源需求提出预测目标，选定专家组，准备有关资料，征求专家对该预测目标的意见。

第二轮，提出企业目前存在的人力资源预测问题，这些问题以调查的方式列出，数量约为 25 个，交给专家进行讨论评价，然后，对专家的讨论结果进行统计整理。

第三轮，企业人力资源管理部门充分考虑有关专家反馈的意见后调整预测目标。

第四轮，进行预测。请专家根据第三轮统计资料提出最后的意见，以确保能对企业或部门的人力资源需求进行预测。这一过程需要专家对各种不同意见进行反复讨论形成最终意见。

德尔菲法的优势在于，可以综合考量多位专家的意见，这对于制定合理的人力资源需求计划具有重要价值，也可以比较全面地审查企业的人力资源需求。然而，这种人力资源需求预测技术也存在一些缺点，这种方法适用于长期的、趋势性的预测，不适用于短期的、日常的和比较精确的人力资源需求预测规划。

2. 比率预测法

比率预测法是指，根据设备基建之间、人员与产量之间以及不同岗位人员之间的比率，对人力资源需求进行预测的方法。例如，某制造业企业后勤服务人员与生产一线工人的经验比例为 10∶1，如果这个工人每天可以生产 10 件产品，现在要扩大一倍产量，假设劳动生产率不变，那么，在规划期内需要的工人数是原来的两倍，当工人的数量确定以后，后勤服务人员的数量就可以确定了。

在使用比率预测法的过程中，要注意常数比率和变数比率的问题。在上面的例子中，本书在预测过程中假设生产一线工人和后勤服务人员的比率保持不变。然而，在现实中，随着企业生产规模的变化，这一比率也会发生改变。例如，假定每 5 位科学家需要配备一名技术辅助人员，如果该部门只有 5 位科学家，则需要雇用一位全时技术辅助人员。但假如企业某部门有 20 位科学家，只需要 2～3 名技术辅助人员，而不是 4 位技术辅助人员。因为技术辅助人员在团队工作条件下可以实现工作上的分工协作，从而减少该岗位的需求数量。因此，在使用比率预测法进行人力资源需求预测的过程中，必须先确定所要用到的比率在规划期内是否会发生变化和将如何发生变化，才能对人力资源需求进行预测。

比率预测法在企业人力资源规划管理中较为简单易行，但这种方法要求预测数量之间具有相对固定的比率关系，因此，这种方法在适用范围上需要具备一定条件，适用于技术和其他结构较稳定的企业，适用于短期人力资源预测规划。

3. 人力资源现状预测法

人力资源现状预测法是在假设现有人员的配备比例和人员总数完全能够满足预测规划期内人力资源需求的前提下，也就是在假设未来的人力资源需求数量与当前的人力资源需求一致的前提下，预测出在规划期内有哪些人员或哪些岗位上的人员可以做出调整。例如，调整人员的升职、降职、退休或调出本组织等变动。这种变动的数量是规划期内人力资源需要补充或者调动的需求数量。例如，某生产车间主任明年即将退休，就可以考虑从下属人员中选择一个人接替这个职务。而接替者的职务或岗位又要有新的人员补充，一个岗位的空缺将产生几个岗位人员的需求。企业在规划期内所有需要补充的岗位，是规划期人力资源需求数量的预测结果。人力资源现状预测法并非适用于所有的情况，企业管理者应当注意人力资源需求的意外变动情况。也就是说，在预测过程中要考虑突然出现伤病人员或死亡人员的情况，预测数量应将此种情况包含在内。

人力资源现状预测法简单易操作，是管理实践中较为常用的一种方法。一般企业组织内管理人员的连线性替补，采用的都是这种方法。这种方法适用于短期人力资源规划预测，适用于企业的发展规模或者总体发展规划在一定时期内未发生变化的情况。

4. 分合预测法

分合预测法是一种先分后合的预测方法。首先，将人力资源需求分解到各个部门或子公司，这些下属单位根据生产任务和技术设备等情况，对本单位的人员需求进行预测；其次，组织根据各下属单位的预测数据进行综合分析，从而预测企业在未来一段时间内需要的各种人员数量。这种方法适用于比较大的企业，适用于中期、短期的预测规划，优势在于可以充分发挥下属单位的能动性，有利于掌握不同下属单位的不同人力资源需求，体现了下属单位管理人员在人力资源预测中的作用。

5. 描述法

描述法是指企业通过对未来能影响企业人力资源需求的各种因素进行假设、描述、整理和分析，而对人力资源需求进行预测的方法。描述法可以分为三种基本的类型：一是企业在规划期内，同类产品生产可能稳定增长，同行业中没有新的竞争对手出现，在同行业中技术方面也没有新的突破；二是同行业中产生了新的强有力的竞争对手，且同行业在技术方面也取得了较大突破；三是同类产品出现生产停滞，产品价格暴跌，市场出现疲软现象。描述法需要对影响人力资源需求的所有因素进行分析，确定每个因素对人力资源需求的影响程度，才能对人力资源需求进行正确的判断。

描述法主要依赖人力资源预测人员的分析和判断，因此，这种方法难以得到准确的预测数值，而且，这种方法需要对多种因素进行分析，不可能有很长的时间跨度，原因在于，时间跨度越长，环境变化的各种因素越难以把握和假设。这种方法主要适用于中期趋势性预测。

6. 数学模型法

数学模型法在于建立一种函数关系，表明各类因素对企业人力资源需求量的影响程度，是一种定量预测技术，是通过影响因素的变化趋势预测人力资源需求量变化的一种方法。在人力资源需求量的数学预测中，主要采用回归模型预测法。回归预测模型有一元回归模型、二元回归模型、五元回归模型之分，同时，有线性回归模型、非线性回归模型之分。回归预测模型建立的一般程序分为四步。

第一步，确定影响人力资源需求量预测数值的最主要因素，并将其作为自变量；

第二步，收集反映自变量变动的数值；

第三步，建立自变量与预测变量之间的回归方程；

第四步，根据自变量未来的变化趋势，利用回归方程对人力资源需求量进行预测。

在应用回归模型对人力资源需求量进行预测的过程中，必须计算预测对象和自变量间的相关系数，只有与人力资源需求数量紧密相关的因素才可以作为建立回归方程的自变量。

数学模型法可以在一定程度上实现对人力资源需求量的精确预测，给出正确的预测数值，但这种方法也存在一定缺陷。第一，需要找出哪些自变量与因变量之间存在较为明显的相关关系。第二，数学模型预测需要找到合适的历史经验数据，以表明自变量和因变量曾存在变动的资料。就这方面而言，数学模型预测不适用于小型企业，只适用于大型的、具有较完备信息资料系统的企业，同时，这种预测的思路是以自变量和因变量曾经的关系代替两者未来的关系，在使用这种预测方法时，要保证自变量和因变量的关系在规划期内没有发生变化，因此，这种预测方法适用于中期预测、短期预测。

7. 计算机预测系统

计算机预测系统是人力资源需求预测方法中最复杂的一种，指在计算机中运用不同的、复杂的数学模型，对企业在不同情况下的人员数量和配置运转情况进行模拟预测，从而形成不同的人力资源需求方案以供组织备择。这种方法是未来人力资源需求预测的趋势，目前，市场上相关的专业预测软件越来越多，功能越来越强大，使用的方法越来越趋向于定量化、科学化，成为未来人力资源需求预测中最具潜力的方法。这种方法使用成本比较大，可以对复杂环境的长期人力资源需求进行预测。

各制造业企业规模不同，导致各制造业企业规划期的时间跨度不同，因而采取的人力资源预测方法也不同。一般而言，大型制造业企业在制定中期、长期人力资源规划时，更多地会采用德尔菲法和计算机模拟法；而对规模较小的制造业企业而言，一般采用较简单的预测规划方法。

二、制造业企业人力资源供给预测

制造业企业的人力资源供给主要有两种途径：一是企业内部人力资源的供给，通过企业内部人员的调动、晋升等对企业人力资源进行供给；二是企业外部人力资源的补充，通过外部招聘等渠道为企业发展提供所需的人力资源。因此，制造业企业人力资源的供给预测，也可以分为内部供给预测和外部供给预测。

（一）制造业企业内部人力资源供给预测

1. 内部供给预测

对于大多数企业而言，企业人力资源供给主要来源于企业内部人力资源。特别是制造业企业中的复合型人才，既要懂业务又要懂技术，企业为了快速满足对这类人力资源的需求，会优先考虑通过内部培训进行人力资源供给。也就是说，当企业内部出现人力资源岗位空缺时，要先考虑从企业内部选择人员来接替，这不仅可以减少企业的招聘成本，提高企业的劳动生产率，最为重要的是，可以为内部员工提供更多发展机会，也会对员工起到一定的激励作用。内部供给是企业人力资源供给的优先途径。人力资源供给预测过程中先要确定供给预测数量，只有在内部供给不能满足企业发展需要的情况下，才需要进行人力资源外部供给的预测。

在内部人力资源供给量的预测过程中必须考虑的因素有：企业内部人员的自然流失（伤残、退休、死亡等）、内部流动（晋升、降职、平调等）、跳槽（辞职、解聘等）。

2. 内部供给预测的方法

内部人力资源供给的主要预测方法有接替图表法和马尔可夫模型。

（1）接替图表法。使用接替图表法对人力资源供给进行预测的基本思路是：第一，通过工作绩效考核和其他业务考核、心理考核、个性考核，确定可以提升或需要调任其他岗位的人员；第二，确定某岗位现有人员和可提升人员的数量；第三，确定规划期内每个岗位将要退休和离职的人员；第四，根据上一个岗位退休、辞退和外部招聘的数量，来确定可以实际提升的人员数量；第五，可提升人员减去实际提升人员，是提升受阻的人员数量；第六，实际提升的人员数量加上退休、辞退的人员数量，是需要从下一个岗位提升的人员数量；第七，将上述人员异动数据按照一定形式排列在一起，就可以得到人员接替模型；第八，利用人员接替模型，可以非常清晰地看到每个岗位可能获得的人力资源供给。

接替图表法主要应用于管理人员的供给预测方面，原因在于，管理人员的岗位具有比较明显的层次接替性，使用这一方法更加方便。

（2）马尔可夫模型。马尔可夫模型是指，通过发现组织人力资源变动的规律，推测组织人员供给情况。这一模型通常会收集几个不同时期的数据，然后计算出平均值，并用这些数值代表每一种职位人员变动频率的数据，从而推算出组织人力资源的变动情况。

（二）制造业企业外部人力资源供给预测

1. 外部人力资源供给的主要影响因素

虽然制造业企业能通过内部供给补充职位的空缺，但内部供给并不能完全解决职位空缺的问题，还需要外部人力资源供给，特别是对流动性较高的一线员工，另外，还有因不可抗拒的主观因素或自然原因（如退休）

退出当前岗位的员工。也就是说，企业的人力资源总规模是会发生变化的，企业内部的人力资源供给只是企业内部人员之间工作岗位的转换，不会改变人力资源总量缺乏的状况，因此，企业需要从外部不断地补充人员。

影响企业外部劳动力供给的因素，主要有以下三个方面。

第一，人口因素。企业所处的人口环境现状，直接决定了企业现有的外部人力供给状况。在人口因素中，对企业外部人力资源供给产生最主要影响的是人口规模、人口结构和人口政策因素。

人口规模对人力资源供给总量的影响最为直接。人口规模大，进入就业阶段的人数就多，企业外部的人力资源供给就充足。而且，在大规模人口基础上形成的巨大就业压力，会迫使劳动者不断提高自身文化技术素质，同时，为了保住其工作岗位，也会使劳动者在工作上更加认真负责，从而使全社会人力资源的供给数量和供给质量得到极大提高。但是，人口规模过于庞大也会产生一些社会问题，尤其是当社会失业率过高时，会给在职员工造成巨大的心理压力，影响创造性劳动。

人口结构包括就业结构、知识结构、年龄结构和性别结构等，这些因素都会对人力资源供给产生影响。就业结构和知识结构等方面的问题，可能会导致在总量过剩背景下的结构性不足以及在总量不足基础上的结构性剩余。中国当前的劳动力供给，在这方面的问题十分突出。虽然在全国范围内，劳动力的总供给超过了劳动力的总需求，但在一些以科技创新或创造性工作为核心的行业的岗位中，劳动力供给明显不足。在某些情况下，劳动力的供给结构可能比劳动力的供给总量更重要，对企业来说更是如此。

人口政策中有关人力资源就业、移动和劳动力准入等方面的政策，对企业人力资源供给产生的影响最大。

第二，劳动力市场发育程度。劳动力市场的发育程度越高，就越有利于劳动力顺利进入市场，并能通过市场工资率的变动形成劳动力的合理流动。反之，当劳动力市场发育不健全时，就会影响人力资源配置，导致企业不能准确预测外部人员供给。劳动力市场发育程度主要表现在劳动力供给信息和需求信息的沟通程度、劳动力市场的价格机制完善程度、社会就业意识和择业心理偏好及劳动力流动的条件。

劳动力供需信息沟通充分，就业需求和招聘信息能够及时地相互交流，可以为企业和劳动者提供更多的、更恰当的机会，否则，没有良好的信息沟通就可能使劳动者找不到理想的就业岗位，企业的就业岗位没有相应的人员及时补充。

劳动力市场价格机制的作用在于，可以引导劳动力的流动，实现劳动力资源的优化配置。没有自主的、反映市场供需变化的劳动力价格机制，就不能给劳动力以正确的发展指向，就可能造成劳动力的结构性缺乏或是结构性剩余。

社会就业意识和择业心理偏好对人力资源供给的影响表现在，如果应聘者的职业期望值过高，超过了自己的劳动价值和市场发展状况，一方面，可能使劳动力的供需发生脱节；另一方面，也会使已经就业的劳动者不能安心工作，增加企业人员的不稳定因素。劳动力就业的条件或者说劳动力自由流动的条件，包括制度条件、工作条件和生活条件。没有良好的工作条件会降低劳动者流动的要求，当然，在劳动者流动过程中，生活条件的配备也具有非常重要的作用。任何一种条件的限制，都会制约企业的外部人员供给。

第三，社会因素。社会风俗习惯、运输系统质量的高低、与产品市场的接近程度、平均劳动力服务期限、妇女就业市场及地理因素，都会影响企业的外部劳动力供给。同时，行业的发展和萧条，也会使劳动力的供给表现出不同特征。

2. 外部人力资源供给预测

制造业企业人力资源供给的渠道，主要有各类院校应届毕业生、本地市场的失业者、等待进入工作岗位的人员、其他企业或组织在职人员以及外地流入本地市场的流动人员等。

对企业外部人力资源供给的预测，可以根据不同的人力资源供给渠道、针对不同的人力资源供给特点进行。例如，对各类院校应届毕业生的预测，可以将规划期内各个院校即将毕业的毕业生数量之和作为企业可以预测的毕业生供给总量。而对于城镇失业人员和流动人员的预测实际上是比较困难的，在预测过程中必须综合考虑国家就业政策、城镇失业人员的就业心理等因素。对于其他组织在职人员的预测，则需要考虑社会心理、个人择业心理、组织的经济实力以及同类组织相关人员的福利、保险、工资和待遇等因素。

在企业制定人力资源规划的过程中，外部人力资源供给总量的预测虽然对规划制定起到一定作用，但在许多情况下，宏观性的供给总量预测往往是政府部门的职责，企业在进行人力资源规划过程中可以参考有关的统计预测资料，对企业来说，外部供给的预测更主要的是对某一个具体岗位、在一个具体价格上、通过确定的招聘渠道，企业获得人力资源外部供给的预测。

对企业来说，外部的人力资源供给在某种程度上可以被视为无限，因为在人力资源市场上往往存在远超过企业需要的劳动力，所以，在企业的人力资源供给预测中，一定价格上的供给预测就显得十分重要。对于大多数企业而言，企业人力资源预测难度较大的环节是制定合理的人才价格。一个市场上如果供给不足，还会引导其他市场的人力资源向这一市场流动。企业人力资源供给的预测，只能是一定价格基础上的预测。人力资源供给的预测还必须分别对不同岗位进行预测，原因在于，笼统的整体预测对于制定人力资源规划没有实质性的意义，市场的人力资源充分供给并不代表个别岗位人力资源的充分供给。上述原因导致企业在外部人力资源供给预测中通常会采用回归预测模型法，即，确定某岗位人力资源供给的主要影响因素，再建立以一定价格为基础的回归预测模型。最后，对某一个岗位的人力资源供给进行预测。

第三节 制造业企业人力资源供需平衡规划

《制造业人才发展规划指南》中指出了制造业企业对人才的需求，其中，需求量最大的是技能人才，这类人才目前存在"四多、四少"的问题，即初级工多、传统技工多、单一型技工多、短训速成的技工多，以及高级工少、现代型技工少、复合型技工少、系统培养的技工少。[①] 此外，制造业企业还出现了"绝活绝技"断档的现象。

传统机械制造业属于劳动密集型行业，蓝领工人占比较高，零工经济的增长导致出现蓝领工人招工难的现象。虽然从短期看，招工难直接影响了机械制造业企业的生产产能，但随着智能化转型升级，传统的车间被自动化、柔性化生产技术所取代，掌握核心技术的人才，才是机械制造业向先进制造业转型的关键。当前市场上，这类人才处于短缺状态，极为抢手，获取难度较高。有统计数据表明，一个高技能型人才有两个岗位在等待，一方面，机械制造业的专业细分度较高，企业很难从外部招聘到所需要的高技能人才；另一方面，高技能型人才的内部培养难度较高，成为高技能型人才需要多年专业的修炼与工作经验的积累，而企业内部却缺少激励技能人员成长的有效措施。此外，制造业企业在数字化、智能化转型过程中需要大批智能制造人才，这些人才及其技能决定了制造业企业生产过程中能否实现数字化技术以及数字化组织的实施和管理，是制造业企业实现数字化能力的关键。

一、实现制造业企业人力资源供需平衡的步骤

（一）企业人力资源供需平衡的目标

企业人力资源规划的根本目标是实现企业人力资源的需求和供给的数

---

① 中华人民共和国教育部 . http：//www. moe. gov. cn/srcsite/A07/moe_953/201702/t20170214_296162. html.

量平衡、质量平衡。而制造业企业人力资源供需平衡的标志是，企业在生产和发展转型过程中所需的人力资源能及时有效地、分岗位得到满足，同时，在组织中也不存在冗余人员。保证企业人力资源供需平衡，是人力资源管理工作的基本任务。如果企业的人力资源供需没有达到平衡，那么，企业的生产效益就会受到影响。

（二）企业人力资源供需关系的三种情况

企业人力资源供需关系存在三种情况，第一种是人力资源供需平衡，这是最理想的状态，能促使企业效益最大化；第二种是人力资源供大于求，这会导致企业内耗严重，生产效率或工作效率下降，导致组织内部人浮于事；第三种是人力资源供小于求，这会导致企业设备闲置，固定资产利用率低。人力资源规划正是要通过对企业人力资源供需结果进行预测，从而制定相应的政策措施，促使企业实现人力资源供需平衡。

（三）实现企业人力资源供需平衡的步骤

制造业企业实现人力资源供需平衡主要有七个步骤，第一步是确定企业的人力资源供需关系属于哪种情况；第二步是企业对其未来的人力资源供需情况进行预测；第三步是对本企业的人力资源供需预测数值进行对比；第四步是确认企业目前的需求缺口或供给缺口；第五步是制定人力资源供需平衡政策；第六步是实施人力资源供需平衡政策并进行反馈；第七步是对人力资源供需平衡结果进行评价。

二、制造业企业人力资源供需平衡政策

（一）人力资源供求平衡状态下的政策

制造业企业的人力资源供需平衡，表明企业不仅在人力资源供需总量上达到平衡，而且，在层次上、结构上和岗位上也实现了平衡，这种状况一般在企业中只能是短期现象，原因在于，企业的人员流动、退休、辞职和职务晋升等都会打破这种平衡。当企业的人力资源供需达到平衡时，如果在规划期内预见了企业人力资源供需不会发生变化，那么，对于人力资

源规划采取稳定政策，其核心是保持这种平衡状态，并让现有的人力资源更好地发挥作用。此时，人力资源规划的主要内容就是激励、保持和发展现有员工，重点是员工激励计划和员工保持计划的实施。

（二）人力资源供不应求状态下的政策

当预测企业的人力资源在未来可能发生短缺时，要根据具体情况选择不同方案以避免短缺现象的发生，具体措施包括以下六个方面。

（1）激励员工。调动现有员工的积极性，通过物质激励和精神激励，鼓励员工参与决策、培训等环节，提高员工的技术、劳动积极性，鼓励员工进行技术革新，提高员工的劳动效率。

（2）培训提升。对企业内部员工进行培训，再根据实际情况对受过培训的员工进行补缺和择优提升。

（3）平行性岗位调动。将处于富余状态，且符合条件的员工调到空缺职位。

（4）外部招聘。当企业内部无法满足人力资源需求时，需要从外部招聘。

（5）优化企业资本技术有机构成。通过智能化转型提升员工的生产效率，形成机器人代替人力资源、人机协作的局面。

（6）进行岗位设计。对岗位重新进行设计，以提高员工的工作效率。

在人力资源供不应求的状态下，制定人力资源规划政策要注意人员的外部供给与内部供给的关系问题。

当制造业企业劳动力供给的主要来源途径是内部资源时，具有一定的优势。内部的职员对于所处组织的情况比较熟悉，能够很好地协调不同部门之间工作的运转，对于组织文化的认同和理解也比外部人员更深刻。从管理者视角而言，管理者对候选人的能力、过去的记录和潜在成就有更深的了解。而从组织的工作氛围而言，当内部候选人得到提拔，也向所有员工传递了一个明确的信号，即组织认可了他们的进步和发展。但内部招聘也存在一定不足，其中最大的问题就是组织惯性，在某些情况下会对内部候选人的信息带有倾向性，且内部候选人根植于现有的组织文化中，一旦空缺的岗位需要更强的创新或注入新的血液，内部候选人的选拔就会受到限制。此时，外部招聘人员会较少地受到约束，会更具创造力。

从外部招聘员工，可以雇用到满足企业特定文化价值观和工作态度的职员。例如，某大型企业尝试在车间工作环境中倡导一种合作精神与合作文化以提高该车间的工作灵活性，于是，在向外发布招聘信息时，使用了特定的文化情境语言描述，并利用影像资料向应聘人员介绍其工作环境，使其先进行自我选择，判断自己能否适应屏幕上所表现的组织环境。此举可以选出具有灵活观点和准备适应多种任务的候选人，而不是只想符合某种特定角色、固定角色的候选人。

（三）供大于求状态下的政策

对于大多数企业而言，人力资源供过于求是一种常态，也是中国制造业企业人力资源规划的难点。解决企业人力资源过剩有六个常用的方法。

（1）裁减和辞退。永久性的裁减或辞退部分职工。

（2）关闭或者合并。临时性或者永久性关闭或合并不盈利的分厂、车间和臃肿机构。

（3）提前退休。企业鼓励提前退休或内退，并制定相应的保障措施。

（4）培训储备。对员工进行培训，从而为企业的未来发展储备人力资源，特别是储备数字化人才。

（5）鼓励员工内部创业。不断提升员工的专业能力和竞争力，鼓励员工进行内部创业并支持员工开发新的领域。

（6）分担工作。本质上是为了缩短员工的工作时间，降低工资水平。即以往只需一个员工或少数几个员工就能完成的任务转为由多个员工完成，企业则根据任务完成量来计发工资。

（四）制定人力资源供需平衡政策时应当注意的问题

制造业企业在进行人力资源规划评估之前，需要明确企业目前是要制定扩张规模的决策还是收缩规模的决策。如果企业的计划是收缩规模，则相应的措施可能是减少人员招聘，或者员工提前退休，但在退休计划中要确认员工的年龄和级别状况，避免企业失去大量有经验的员工。

如果企业需要从内部选拔人员补充管理岗位或技术岗位，则应当注意连续性规划，即需要对候选人目前所在岗位的业绩做出准确、客观的评价，并评估候选人的提升潜力。对于准备提升的员工，应对其进行职业生涯管理，促进其长远发展，丰富其在这一岗位的工作经验和知识，培训其成为制造业企业所需要的复合型人才。但连续性规划不能以伤害其他员工或部门利益为代价。

新技术的出现减少了对某项工作的需求，一个部门或多个部门可能出现人浮于事的情况，如果依靠自然减员不能充分解决冗员问题，那么，组织可以有计划地减少内部劳动力的供给，实施减员计划。在实施减员计划时要注意避免组织技能、经验和知识随着减员外流，减员不能完全根据员工个人的选择决定，否则，可能造成某些重要员工外流，而一些组织不太需要的员工继续留任的局面。

组织必须考虑到减员的有关规则，许多国家的法律都规定，组织必须尽最大努力为被取消岗位的员工找到一个相应的职位。因此，如果组织缩减了某个部门的规模，同时，扩大了另一个部门的规模，那么，被缩减部门的员工就比外部求职者有优先在该部门中获取一席之地的权利。

对制造业企业人力资源进行供需分析，可能会同时出现供大于求、供小于求的情况，即在某些部门出现人力资源供过于求，而其他部门出现供不应求的情况。人力资源部门在制定人力资源供需平衡的政策过程中，需要具体情况具体分析，制定符合企业实际情况的人力资源规划，使得各部门的人力资源在数量、质量、结构和层次等方面达到协调平衡。

思考题

1. 思考如何解决制造业企业人力资源规划中供需不平衡的矛盾。

2. 为满足制造业企业战略发展需要，人力资源规划工作应如何适应。

小测验

1. "中国制造2025"国家发展战略为制造业的未来发展指出了明确的

方向，_____成为制造业企业转型升级的必然方向。

2. 人力资源规划需要同时兼顾企业和员工的发展诉求，保持_____和_____相一致。

3. 对于大多数企业而言，企业人力资源供给主要来源于_____。

4. 人口政策中有关_____、_____和_____等方面的政策对企业人力资源供给产生的影响最大。

5. 对于制造业企业人才的需求，其中需求量最大的是_____需求。

第三章　制造业企业工作分析

1. 价值塑造

● 培养分类和管理的科学思维方式

● 树立总与分的辩证统一思想

2. 知识传授

● 工作分析综合反映了岗位信息情况和人员信息情况。其中，职系、职级、职组、职等的分析反映了岗位之间的类别归属和性质的关系

● 工作分析两大类定量分析方法：以工作为基础的工作分析（职位分析问卷、职能工作分析），以人员为基础的工作分析（管理人员职位描述）

● 职务说明书包含岗位说明书（岗位说明书又称工作说明书或职位说明书）和任职规范

3. 能力培养

● 培养缜密的思维逻辑、严谨的做事态度

● 培养辨别事物同一性、相似性与差异性的能力

● 培养编制职务说明书的能力

学习目标

● 掌握：收集职位信息的一般方法，编制职务说明书的方法

● 理解：职位分析问卷、职能工作分析和管理人员职位描述问卷

● 了解：制造业企业工作分析基本流程，工作设计的基本方法

第一节 制造业企业工作分析概述

工作分析是制造业企业人力资源管理的重要基础，也是进行人才管理的起点。工作分析回答了制造业企业要填补哪些职位，以及员工需要具备哪些胜任素质和任职资格才能有效完成工作任务等重要问题。如果没有弄清楚这些问题，人力资源管理的科学性就无从谈起，并且，对员工的招聘、培训、绩效管理、薪酬管理、劳动关系管理等工作就失去了基础。特别是在制造业企业数字化、智能化的时代背景下，制造业企业对各个工作岗位提出了数字化要求，很多操作型岗位逐渐减少或被淘汰，如国内三一重工第 18 号灯塔工厂人机比由 157∶1 提升至 3∶1,[①] 从而出现了以数字化、智能化、多元化为特征的岗位，典型的岗位有机器人操作员、机器人设备管理员等。在这些岗位上的工作方式和工作任务也呈现出新的工作作业特点，单一的个人操作逐渐转向团队协作和人机协作，工作任务面临更大的不确定性，更具柔性和灵活性的工作任务取代了固定的工作内容。在工作分析基础上对工作进行科学的设计，制造业企业才能进一步提升各岗位员工的工作效率和工作兴趣。

一、工作分析的相关概念

制造业企业对员工的管理需要弄清楚两个问题：一是为响应数字化、智能化、绿色化等战略目标，需要填补或增加哪些职位？二是员工需要具备哪些特点和素质才能有效地完成其职位所承担的工作任务？工作分析恰好回答了这两个问题，提供了编写职位描述和任职资格的信息。在了解工作分析的方法和过程之前，需要了解一些工作分析相关的概念。

---

① https://www.sanygroup.com/news/11374.html.

- 工作分析（job analysis）：确定企业内的所有职位所需要承担的工作职责，及其任职者所具备特征的过程

- 工作描述（job description）：职位所要承担的工作职责的清单，是工作分析的主要成果

- 工作说明书（job specification）：是对完成特定工作所需知识、技能、素质和其他特征的说明

- 工作（job）：与职务同义，是指具有相似职责职位的集合。例如，研发工程师就是一种职务

- 职位（position）：一个人所需完成的任务与职责。在组织中，有多少员工就有多少职位

- 职责（responsibility）：个人所承担的各项相关任务的集合。例如，电气工程师的职责之一，是负责高压零部件和低压零部件选型与设计，确保整机性能和安全

- 任务（task）：工作成果（如一件产品或服务）的产出所需要的一系列工作要素

- 工作要素（factor）：工作活动中的最小动作单位，不能继续做分解。例如，焊接工人在进行焊接时，包括戴好工作帽、手套，穿上劳保鞋，使用面罩等工作要素

- 工作族（job family）：与职系同义，是具有相似职责工作的集合。比如，高层管理职系、销售职系

工作分析中职系、职级、职组、职等四个概念容易混淆，职系、职级、职组、职等关系，见图 3-1。

由图 3-1 可知，在职系、职级、职组、职等的关系中，同一职等、不同职系的职位，可能职级的级别不同，例如，A7 职级、B3 职级是同一职等不同职系的职位。

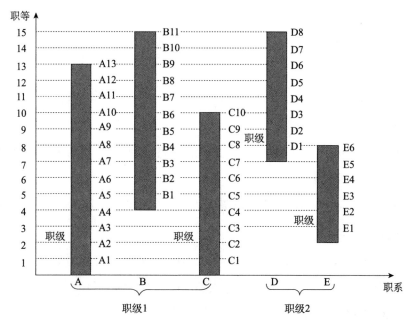

图 3-1　职系、职级、职组、职等关系

资料来源：笔者绘制。

二、制造业企业工作分析的步骤

制造业企业工作分析是一件技术性很强的专业工作。在制造业企业中涉及不同学历水平的员工，受教育程度跨度较大，同时包含不同工种，因此，在企业中开展工作分析需要周密准备。为保证工作分析的顺利进行，需要制造业企业上下配合，特别是需要高层管理人员的支持，还需要具有专业能力的工作分析人员，以及与制造业企业人力资源管理实践相匹配的科学分析程序。总的来说，工作分析有四个实施阶段：准备阶段、实施阶段、形成结果阶段和应用反馈阶段，工作分析实施流程，如图 3-2 所示。

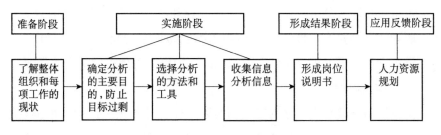

图 3 - 2　工作分析实施流程

资料来源：笔者绘制。

（1）准备阶段。

工作分析的准备阶段旨在了解整体组织和每项工作的现状，需要收集并了解组织的整体结构、战略目标、业务流程和企业文化，并与相关部门人员进行深入沟通，以方便获取资料，从而提高分析的准确性和实用性。同时，通过在组织中进行宣传和介绍，减少被分析人员的抵触心理，增加配合度。最终组建专业的分析项目组，以确保工作分析的系统性和专业性。

（2）实施阶段。

经过前面充分的准备后，工作分析人员首先需要确定分析的主要目的，明确具体、清晰的分析目的，并确保与组织战略目标对齐。其次，需要根据目标选择合适的分析方法和工具，如问卷调查法、访谈法或观察法，以有效收集所需的数据和信息。最后，工作分析不仅需要对职位信息进行收集，还需要对这些信息进行整理、分析、归纳和总结，以识别关键问题和趋势，确保分析结果可靠并为决策提供依据。工作分析的实施阶段是整个过程的关键环节，决定了工作分析的最终效果。在工作分析的实施过程中，员工的积极参与至关重要，原因在于，这直接影响到分析结果的准确性和应用的有效性。

（3）形成结果阶段。

工作分析的形成结果阶段集中在编制岗位说明书，这一阶段包括撰写岗位职责、工作要求和任职资格，并确保这些内容的准确性和一致性。首先，需要对草稿进行审核和批准，并根据反馈进行必要的修订。通过对收集的信息进行深入分析，评估工作任务的合理性、饱和度和难易程度，以及任职者的资格要求，最终形成详细的岗位说明书。这份说明书将作为描述岗位职责和要求的正式文档，为组织的人力资源管理提供坚实的基础。

（4）应用阶段。

岗位说明书编写完成之后应用到实际工作去才是最关键的，也是最能体现实施工作分析的价值和意义所在。在岗位说明书的应用阶段，能及时发现一些存在的关键问题和重要问题，从而为后续的工作分析的更正与修改提供有价值的参考和依据。这也表明，制定出的岗位说明书并不是一成不变的，而是会根据实际情况进行不断修订和更新，从而促使职位说明书更加科学合理。

三、制造业企业工作分析的意义与作用

1. 工作分析的主动性使组织结构更加合理

企业工作分析的主动性是相对于被动性而言的，尤其是大数据、人工智能背景下，会不断产生新的职业，对制造业企业中不同岗位的员工也提出了新的要求，在这种情况下，工作分析的主动性对企业的作用不容置疑。处于被动工作分析状态的企业，主要是在招聘的时候临时编制岗位说明书，提出当前岗位应聘人员所应当具备的年龄、学历、工作经验等要求，但缺乏对岗位其他方面的分析，这是典型的应付招聘的被动性工作分析。另一种情况是，企业内部出现工作重复等现象之后所进行的工作分析，这是被动性工作分析。如果企业实行被动性的工作分析，则很难真正发挥工作分析的作用。

工作分析一方面，能从组织战略层面规划企业的发展框架，根据企业的行政状况及经营状况对其组织结构进行规划，分析企业是更适合扁平式组织结构还是科层制组织结构，确定领导层职责，明确每个层面的管理范围等，即对职务名称、工作责任和职责进行分析；另一方面，对制造业企业需要的各类员工及其比重、数量和技能等进行规划，制造业企业的员工学历跨度相对较大，初级、中级、高级专业技术职称的比例结构不尽相

同，因此，更需要重视工作分析，包括对员工专业技术职务结构和学历需求进行分析。

2. 工作分析的科学性更能发挥员工的才能

科学的工作分析能让适当的人在适当的岗位上做到人尽其用，避免大材小用或资质不足。工作分析的随意性与目的不明确，阻碍了员工才能的施展。只有对岗位工作内容和岗位职责进行科学分析和划分，确定科学合理的指标，才能促使员工发挥其潜能并促进员工的发展。如，科学管理之父泰勒（Taylor）在伯利恒钢铁厂（bethlehem steel corporation）进行的实验，通过对工作流程和工作地点进行分析和优化，极大地提高了生产效率。在泰勒进行工作分析之前，伯利恒钢铁厂的 15 座高炉主要由 75 名装卸工对生铁进行装车，他们每人每天平均能装 12.5 吨，这在当时算得上是速度快且训练有素的装卸工了。但泰勒在对工人搬运动作进行观察后，通过工作分析发现，去除一些不必要的动作，能将他们每人每天平均装载量提高到 47 吨甚至 48 吨，是当时装卸量的 4 倍，这也就意味着，装卸工每天能比其他人多挣 60% 的工资。由此可见，工作分析能对企业和员工都产生积极影响，无论是哪一层次的员工都给予其施展能力的舞台，这对企业的工作分析提出了更高要求，要为员工创造施展才能的机会，还要尊重员工并委以重任。总之，科学的工作分析需要员工的参与，在对某项工作进行调查的基础上进行"5W"和"1H"，即工作内容（What）、工作分析对象（Who）、工作岗位（Where）、工作时间（When）、操作程序（How），以及这样做的原因（Why）的书面描述，并根据这些描述完成任务目标。

3. 工作分析的规范性使员工的权责更加明晰

制造业企业的工作分析，也被认为是组织对特定工作提出明确的要求，并进一步确定完成此项工作所涉及的行为的过程。工作分析是企业实现规范性管理的重要依据，其涉及各项工作的内容和性质以及权责分明的程度，也会对该项工作所需的员工基本素养（例如，学历与经验）提出要求。与计划经济体制下因人设岗不同，工作分析是先确定岗位要求，再选择合适的人员履行岗位职责，从而避免因人设岗而导致的权责模糊，也减少了工作推诿与逃避职责等工作乱象。这主要得益于工作分析对该工作岗位权利与责任的明确，以及工作的规范与职位对等的责任追究制。与此同时，工作分析关联着任职规范，任职规范在于发挥工作分析的功能属性，强调工作分析的规范性要求。具体而言，任职规范以书面的形式确定工作的责任范围，工作范围以及所需的任职资格，从而让岗位职员明晰其职责，在规定的界限内履行工作权责。

4. 工作分析的基础性使考核更加公平

工作分析是职位描述与工作职责的书面表达，具有高透明度，促进了考核的公平公正性。对制造业企业各类工作特别是一线工作进行工作分析，有助于员工按图索骥，通过对他们的工作内容、工作职责和工作范围进行描述，对在岗员工或聘用员工提出相应的要求，并对他们的工作时间、操作安全性、工资结构、福利待遇、晋升条件和培训方式等做出明确规定，从而便于企业对员工进行考核。建立在工作分析基础上的评价相对合理、公平、员工可接受程度高，从而更方便企业与员工双方按照工作分析要求对号入座。若企业没有利用工作分析建立规范，则会在员工考核中失去标准和依据。

总之，工作分析是制造业企业人力资源管理活动的核心要素，既是进行员工招聘的前提，也是企业人力资源管理开发的基础工作。企业可以通过工作分析全面了解员工工作岗位的信息及存在的问题，从而促进企业从培训、职业生涯规划、工作、福利等方面激励员工，也是员工进行职业选择和自我评价的依据，从而提高企业与员工，员工与岗位的适配性，发挥员工才能，提高组织绩效。企业只有先进行工作分析，才能顺利开展人力资源管理实践的其他活动。

第二节 制造业企业工作分析方法

制造业企业人力资源部门可以采取多种方法来收集完善的职位信息，如访谈法、问卷调查法、工作日志法等。可以选择单独或结合使用这些方法，从而达到收集职位信息的目的，进行科学的工作分析。比如，在智能制造背景下产生了诸如机器人操作员、机器人设备管理员等一些新的工作岗位，需要确认这些新岗位的工作职责清单。在这种情况下，结合访谈法、问卷法和资料分析法可能是最合适的方法。如果是为了确定职位的薪酬，则使用定量的方法是最有效的，定量方法更有利于量化职位间的相对价值。在收集职位信息之前，需要注意三点：一是要确保人员的参与，即保证人力资源管理者、员工及其直接领导参与职位分析；二是确保人力资源管理者在进行工作分析时每道程序都是清晰的，且能对员工及其直接领导参与的每道程序提出的问题进行及时正向的反馈；三是通过采用不同的工作分析方法得到更加完整、有效地进行工作分析的信息，比如，可以先对员工及其直接领导进行访谈，然后，通过观察员工的工作来收集信息。

一、制造业企业收集职位信息的方法

收集职位信息的一般方法有很多种，下面，介绍在制造业企业可以用到的四种主要方法：访谈法、问卷调查法、观察法和工作日志法。

1. 访谈法

访谈法是企业应用最广泛的职位信息收集方法，指工作分析者根据访谈提纲面对面地向某一岗位的任职员工及其直接领导询问职位相关的意见和看法，从而改善原项目中可能存在的问题并了解岗位说明书的合理性和准确性，更进一步掌握岗位任职者目前的工作诉求和工作态度，从而适当增加或修改岗位要求。通常采用对岗位员工、直接领导以及工作团队进行访谈等三种形式（刘昕，2020）。

（1）在岗员工的个人访谈。即对目前承担相关工作的员工进行面对面的一对一访谈，从而获得岗位相关信息。在岗员工是最了解自己目前所承担职位工作任务的人，对工作任务是什么？工作的侧重点是什么？工作中需要注意什么？工作需要作哪些调整？工作中经常遇到的问题及其解决方式等问题是最为了解的。只有让任职者参与到工作分析中，才能获得最准确、客观的信息，特别是在数智化的制造业企业中，更多采用了人机互动的工作方式。只有让一线员工参与工作分析，才能真正掌握目前人机协作中存在的问题。但同时也要注意，如果在任职者参与访谈中收集的信息会影响他们的薪酬水平，那么，他们会试图夸大自身岗位的重要性并试图避免已存在的问题，从而降低信息的真实性和科学性。因此，这就需要人力资源管理者在岗位信息收集过程中，结合多种视角、多种方式来收集信息，以确保信息的客观准确。

（2）岗位员工直接领导的访谈。除了对在岗员工进行访谈，还需要对员工的直接领导进行访谈，原因在于，他们是对员工个人及其工作最了解的人，通过对员工与直接领导分别所收集信息的对比，能进一步确认岗位信息的正确性、科学性和可行性。

（3）工作团队访谈。只对任职者进行个人访谈，可能会导致遗漏相关信息，因此，需要同时对承担相同工作或在同一个工作团队的员工进行访谈，进一步了解工作任务中个体存在的差异性，从而获得更全面、准确的信息，对岗位任务进行更科学地设置。

访谈法通过对熟悉岗位工作的员工及其直接领导进行访谈，能收集到非常详细、客观的岗位信息。作为面对面的交流方法，访谈法可以根据被访谈者的回答进行灵活而有针对性地提问或追问，让访谈者对疑问最大的问题以及最关注的问题不断进行提问，从而厘清存在的问题，收集到其他使用岗位信息方法无法获得的工作活动信息、工作要素信息，如访谈者可以发现制造业工厂中算法管理给员工带来的"双刃剑"效应。此外，访谈法还能提高在岗员工的参与度，让他们更容易接受最终的工作分析，并让他们有机会表达目前工作中存在的问题和不足。在实践中，很少单独使用访谈法进行岗位信息收集，为了提高访谈法的信度和效度，还需要结合使用问卷调查法。职位分析访谈示例，见表3-1。

表3-1　　　　　　　　　　　　职位分析访谈示例

1. 请您描述您目前所在岗位的工作目标和所需完成的主要工作内容。概括您的岗位在公司中的价值是什么？

2. 请问工作过程中您主要与哪些部门及人员进行联系？是如何联系的？

3. 请问您的主要工作职责是什么？您认为评价这些工作完成的标准是什么？

4. 对于上述工作职责您是怎样完成的？在完成过程中存在的主要问题和困难是什么？

5. 请问完成上述各项工作职责占总工作时间的比重是多少？请列举耗费时间最多的三项工作。

6. 您认为这些工作职责中哪项工作是对公司最重要、最有价值的？

7. 您认为企业赋予您的工作权限有哪些？这些权限中哪些是合理的，哪些是需要改进或重新界定的？

8. 您认为完成您的工作，需要哪些部门或其他成员为您提供支持和进行配合？您认为这方面目前做得怎么样？还有哪些地方需要进一步提升？

9. 您认为想要出色地完成以上各项职责需要具有什么学历、专业背景或工作经验？需要具备哪些能力？

10. 您认为面对企业数字化转型和智能化转型，您需要哪些方面的提升？企业应当提供哪些方面的支持？

11. 您认为要出色完成以上职责需要什么样的个性品质？您认为要适应企业数智化转型需要具备哪些专业知识和专业技能？

12. 您在工作中有多大自主权？工作负荷有多大？

资料来源：笔者收集整理而得。

2. 问卷调查法

问卷调查法是指通过设计问卷，发放给在岗的任职者及其相关人员填写来收集信息的方法，是一种单方面的信息收集方式，要求参与者在规定时间内填写调查问卷并对问卷进行回收，然后，对问卷数据进行整理和分析。使用问卷调查法先要针对研究问题进行问卷设计，包括开放性问卷和结构化问卷两类。开放性问卷是指，问题没有标准答案，提出开放的问题，让参与者根据自身真实情况作答，比如，请你对目前的工作任务进行描述。这种问题可能会收集到大量复杂且无规律的答案，需要工作分析者对信息进行整理和归类。结构化问卷是指，在问题下给出几个选项，让任职者在给出的答案中根据自身情况进行选择，这类问卷的编制是在对职位信息已经有充分了解的情况下进行的，虽然这意味着在问卷编制前期需要花费时间和精力了解职位信息，但这类问卷收集到的信息更便于统计和分析。总之，无论是开放性问卷还是结构化问卷，都需要从职位出发，最好能在收集职位信息时将结构性问卷和开放性问卷相结合，从而使两种方法互为补充。

总之，问卷调查法通常是基于以往工作数据之上的，能在短时间内收集到更多信息，且能打破访谈法的时间、空间限制，利用网络进行问卷发放，让员工在空闲时间填写，减少对员工工作的干扰和影响，最重要的是，还能让参与者以匿名方式填写，从而收集到更真实的信息。问卷调查法可与上述访谈法相结合，通过访谈法得到的结果来编制问卷或对问卷进行补充和修改。但需要注意的是，参与者的回答质量（如问卷回答的一致性问题）以及问卷的回收率等会影响问卷的信度、效度，不同任职者也可能会对问题产生不同的理解，从而使得收集的信息产生偏离。

职位分析问卷调查法示例，见表3-2。

表3-2   职位分析问卷调查法示例

您的工作名称_____   代码_____   日期_____
分类名称_____   部门_____
姓名_____   机构_____
主管
主管姓名_____工作时间_____上午_____到下午_____
1. 您所在岗位的工作目标是什么？
2. 您所在岗位的工作内容是什么？
3. 您目前希望晋升到什么职务？
4. 如果您是其他人的主管，请列出这些人的姓名和工作名称。
5. 如果您是管理人员，请选择下列哪些活动是您的管理职责。
发展_____   指挥_____   雇用_____   导向_____
训练_____   绩效考核_____   解聘_____   培训_____
咨询_____   提拔_____   预算_____   薪酬_____   其他_____
6. 您如何描述您的工作的成功完成及结果？
7. 职责：请描述下列职责，以及是如何做的？以及您认为最重要和最难得的职责是什么？
　　a. 日常职责。
　　b. 定期职责（请说明是每周、每月还是每季度）。
　　c. 不定期职责。
　　d. 履行这些职责需要多长时间？
　　e. 目前有哪些职责是您不必履行的？请说明。
8. 教育：请指出您认为您所在岗位所需要的受教育程度以及所需要的职业资格证书。
9. 工作经验：请指出从事您当前岗位所需的工作经验。包括工作的时长及具体要求。
10. 技能：请列举从事您的工作所需的所有技能（比如，利用某种工具、方法和系统进行工作的准确程度、机敏性和精度等）。

资料来源：笔者收集整理而得。

3. 观察法

观察法是指工作分析人员通过观察，对任职者的工作过程、行为、方式、特征和环境等进行记录，然后再整理和归纳的信息收集方法。与访谈法和问卷调查法不同的是，观察法从另一个视角，即任职者进行报告的视角，对在岗员工进行观察和记录。观察的形式主要分为公开观察和隐蔽观察两种（Robbins，1997）。一般情况下，为了避免打扰观察者、减少被观察者的心理压力，获得更准确的信息，观察者会更倾向于采用隐蔽观察的方法对任职者进行记录。观察者在观察过程中应当记录所有与工作内容和工作行为相关的重要信息，且被观察者在不同时间段的工作任务不同，因此，需要对员工在不同时间段进行连续观察。这有利于将不同的观察结果进行对比，从而降低观察者的偏见。

由此可见，观察法更适用于对能观察到的短时间的外显行为进行记录，适用于容易被观察的、具有一定重复性且相对简单的岗位分析，如在机械制造业中，工业工程师对八大工艺（下料、成型、焊接、机械加工、表面处理、涂装、装配和调试）的一线工人行为进行观察。但对于没有规律、非重复性、依靠脑力劳动的工作不适用观察法。观察法通过对任职者的现实工作进行实地观察，能从旁观者视角客观、真实地进行记录，具有及时性和有效性。但对于复杂的工作，若观察的对象、时间有限，则会降低观察结果的可信度，且观察法对观察者的要求很高，不仅需要观察者对工作相当熟悉，而且要具备强大的分析能力。因此，在实践中，观察法会与访谈法结合使用，一边观察一边访谈，或者先观察、再访谈。

4. 工作日志法

工作日志法是指，某一职位的任职者通过日记或日志的形式对每天的工作进行记录，即任职者以日记或日志的形式，按照时间顺序记录其一天的工作活动。通常，要求任职者按工作的实际情况，以表格的形式随时填写工作过程，详细的工作日志内容通常包括活动的起止时间、从事的主要工作任务、需要的工作技能、耗费的时间以及产生的效果等。工作日志法可以为职位分析人员提供更完整的工作图谱，再辅之以对任职者的直接领导或其他工作内容相似的员工进行访谈，用工作日志法进行职位信息收集会产生更好的效果。记录者有可能模糊或夸大工作中的某些活动，按时间顺序进行详细记录的流水账方式可能会减少这种负面影响。

工作日志法为职位分析人员提供了任职者工作活动的信息，让职位分析人员能更清晰、直观地知道在岗人员每天在工作中的时间分配和承担的任务等内容，但工作日志法也存在一定的不足，主要表现为四个方面：第一，工作日志法需要任职者的参与和配合，对自己每天的每一项工作活动进行详细记录，需要耗费较多时间和精力，这对任职者的要求是相对较高的；第二，由于各种原因，可能存在任职者对工作活动的遗忘、隐瞒或不能及时填写等问题，从而导致信息的缺失和失真；第三，工作日志实际上只能了解到任职者每天的工作活动项目，以及在每项工作活动中所耗费的时间，而不能通过工作日志了解每项工作活动的重要性、目的及存在的问题；第四，与观察法一样，工作日志法能记录任职者半个月或一个月，即在一段时间内的工作活动情况，但是不能记录具有长期性、周期性变化的工作活动对工作任务的影响，因此，工作日志法只能分析任职者在一段时间内的任务情况，而不能分析总体情况。

上述方法各有优缺点，并无获得岗位信息的最好方法，这几种方法可以单独使用也可以结合使用，许多专家认为，将这几种方法结合使用是收集信息的最佳方法。另外，每种方法都有其特定的长处，因此，在不可替代的情况下，某些方法可能更适合处理特定的任务。制造业企业在决定工作方法时，应依据自身的特定需求，并考虑所处环境、工作分析的目的、时间和预算等在内的多个因素，为了发挥各方法的优点和规避各方法的缺点，大多数制造业企业在信息收集时会选择多种收集方法。一是工作分析人员会将对在岗人员及其直接领导的面谈与观察法相结合；二是利用面谈法和观察法得到的信息数据，进行问卷的编制和信息收集；三是结合员工工作日志，评价工作活动。当然，使用多种方法进行信息收集，会花费更多时间和成本。但相对于单一的方法，它的一个明显优势是，运用综合方法能得到更可靠、更高质量的信息。常用职位信息收集方法优缺点对比，如表3-3所示。

表3-3　　　　　　　　　常用职位信息收集方法优缺点对比

常用方法		优缺点
访谈法	优点	a. 可进一步使员工和管理者沟通观念，以获取谅解和信任 b. 可以不拘形式，问句内容较有弹性，又可随时补充和反问
	缺点	a. 可能因受访者怀疑分析者的动机、无意误解，或分析者访谈技巧不佳等因素而造成信息扭曲 b. 分析项目繁杂时，费时且成本高 c. 占用员工工作时间，妨碍生产
问卷调查法	优点	a. 成本低且节省时间，可在工作之余填写，不影响正常工作 b. 容易进行，且可同时分析大量员工 c. 员工有参与感，有助于加深其对工作分析的了解
	缺点	a. 很难设计一个能够收集完整资料的问卷 b. 员工一般不愿意花时间正确地填写问卷 c. 不太适合文化水平不高的员工
观察法	优点	深入工作现场，能比较全面地了解工作情况
	缺点	a. 干扰正常工作或给工作者带来心理压力 b. 无法感受到或观察到特殊事件 c. 如果工作本质上偏重心理活动，则成效有限 d. 无法全面搜集任职资格方面的信息
工作日志法	优点	a. 对任职者工作可进行充分的了解 b. 采用逐日记录或在工作活动后及时记录，可避免遗漏工作信息 c. 可以收集到最详尽的资料
	缺点	a. 将注意力集中于工作活动过程，而不是结果 b. 员工可能会在夸张或隐藏某些活动的同时掩饰其他行为 c. 费时、成本高且干扰员工工作 d. 整理信息的工作量大，归纳工作烦琐

资料来源：萧鸣政. 工作分析与评价［M］. 六版. 北京：中国人民大学出版社，2023.

二、制造业企业工作分析的定量方法

（一）以工作为基础的工作分析方法

国外开发的工作分析的定量方法包括：功能性职位分析法（functional job analysis，FJA）、任务清单法（task inventory analysis，TIA）、关键事件法（critical incident technique，CIT）等。下面以功能性职位分析法为例，介绍具体应用。

功能性职位分析法是研究者们多年来对工作分析研究积累的结果。这一方法最早出现在 20 世纪 40 年代末，促进了《职业名称词典》中工作分类机制的形成。以岗位员工应发挥的职能为核心，对工作中涉及的每项任务要求都进行了非常详细的分析，适用于对简单性工作和复杂性工作的分析。

（二）以人员为基础的工作分析方法

工作分析需要对任职者的任职资格进行分析，典型的人员分析的定量方法包括：职位分析问卷（position analysis questionnaire，PAQ）、管理人员职位描述问卷（management position description questionnaire，MPDQ）、工作要素法（job element analysis，JEA）、基础特质分析（threshold traits analysis，TTA）等。运用这些方法，组织可以清晰地了解执行某项工作所需要的具体知识、技能、能力以及其他个性特征（KSAO）。下面，重点介绍职位分析问卷和管理人员职位描述问卷。

1. 职位分析问卷

职位分析问卷是美国普渡大学的学者提出的对工作进行定量分析的方法，是目前应用最为广泛的工作分析定量方法。职位分析问卷包括 194 个问项，这些问项从不同职位中概括出较抽象的工作行为和工作要求。通过对任职者在信息投入、脑力劳动、组织成员关系等六个方面的评价，在特定系统内形成不同职位之间的相对价值体系，阐明职位在组织中的相对价值和相对贡献，从而便于对职位进行量化评估。职位分析问卷有对经验和阅读理解能力的要求，因此，需要由专业的工作分析人员填写并判断这些问项能否用于特定工作中。职位分析问卷表格范例，如表3－4所示，职位分析问卷主要包括以下六个方面。

● 信息输入：在职人员获得完成工作所需信息的来源和途径是什么

● 脑力劳动：完成工作任务的过程中需要用到的推理、决策和计划活动有哪些

● 工作输出：完成工作时所需要的体力劳动和工具有哪些

● 组织成员关系：完成工作时与其他人建立了什么样的关系

● 工作情景：这项工作是在怎样的工作环境和社会环境中完成的

● 其他工作特征：除了上述五种情况外，还有哪些完成工作所需要的活动、条件和工作特征

在进行工作分析时，工作分析人员需要确认的是职位分析问卷中的问题是否适合对特定职位进行分析。再基于七个维度对这些问题进行评价，即决策、沟通、承担的社会责任、体力劳动情况、操作工具、处理信息和工作熟练情况，将这些评价结果录入计算机程序后生成报告，得出每个维度的得分情况。根据在这七个维度得到的分数，促进工作分析进程并对不同工作进行比较。

职位分析问卷表格范例，见表3－4。职位分析问卷法是运用最广泛的方法，现有证据也表明，这是能适用于各种工作分析目的的一种有效方法，并且，是能在工作能力要求上建立个体差异的有效方法。这一方法的缺点是非常烦琐，完成问卷需要耐心和较长的时间，并且没有对特定的工作任务活动进行描述。也就是说，职位分析问卷的结果，提供的仅仅是工作分析基本形式的信息，而不能区分实际工作中的真正差异。

表 3 - 4　　　　　　　　　　**职位分析问卷表格范例**

1. 信息输入

　　获得工作所需信息的来源和途径

使用程度：NA—不曾使用　　　1—极少　　　2—少　　　3—中等　　　4—偶尔　　　5—经常

a. 书面资料（书籍、报告、文章、说明书等） b. 计量性资料（与数量有关的资料，如图表、报表、清单等） c. 机械器具（工具、机械、设备等） d. 使用中的物料（工作中、修理中和使用中的零件、材料和物体等） e. 尚未使用的物料（未经过处理的零件、材料和物体等）	

2. 体力活动

　　工作中需要哪些体力活动和工具设备

使用程度：NA—不曾使用　　　1—极少　　　2—少　　　3—中等　　　4—偶尔　　　5—经常

a. 使用的工具（举例，使用各种机器、工具） b. 身体活动（工作过程中的身体活动，坐立除外） c. 技术性活动（从事技术性活动或技巧性活动） d. 使用设备（使用各种各样的装备、设备） e. 手工活动（从事手工操作性相关的活动）	

注：笔者节选了《职位分析问卷表格》的部分内容以作范例。

资料来源：Tayor, Francis. From Functional Job Analysis：A Foundation for Human Resource Management ［M］. Lawrence Erlbaum Associates Inc. , 1999.

2. 管理人员职位描述问卷

　　因为制造业企业的管理人员多为复合型人才，所以，相对于员工的职位分析，管理人员的职位分析更具挑战性。对于管理人员的职位分析，多采用管理人员职位描述问卷，这是对管理人员进行工作分析的专门方法，是最具针对性的一种方法。MPDQ 包含的问题，都是与管理者工作任务和责任相关的，是对管理工作的综合描述，适用于工业企业（John and Robert, 2019），因此，在制造业企业中得到了广泛应用。

（三）职业信息网

　　20 世纪 90 年代，美国劳工雇用与培训管理部发起了一项新的工作分析倡议，即利用职业信息网（occupational information network，O﹡NET），自此，职业信息网取代了《职业名称词典》。

　　O﹡NET 系统综合了问卷法和专家访谈法等各种工作分析方法，能够将工作信息（如工作活动、组织情境和工作特征等）和工作者特征（如知识、技能、兴趣）等结合在一起，是工作导向的工作分析和员工导向的工作分析的结合，既考虑到组织情境、工作情境的要求，又能够体现职业的特定要求。因此，该系统能够对整体职位信息进行全方位收集，以便于人力资源管理活动的顺利开展。[①] O*NET 内容模型对于不同人力资源管理目标的作用，如表 3－5 所示。

表 3－5　　　　　O*NET 内容模型对于不同人力资源管理目标的作用

项目	工作者要求	工作者特征	经验要求	职业要求	劳动力特征	职业特定信息
人力资源规划						
工作/劳动力	＋＋	＋	＋＋	＋＋	＋＋	＋＋
流动	＋＋	＋	＋＋	＋	＋＋	＋＋
人力资源发展						
培训	－	－	＋	＋＋	－	＋＋
配置	＋＋	＋＋				
绩效	＋	＋				
人力资源利用						
岗位描述	＋	＋＋	＋＋	＋＋	－	＋＋
岗位设计	－	－	－	＋＋		＋＋
效率/安全	＋	－		＋＋		＋＋
岗位分类	＋＋	＋	＋＋	＋＋	＋＋	＋＋

注：＋＋表示非常有用，＋表示有用，－表示没用。
资料来源：Levine J. D.，Oswald F. L. O*NET：The occupational information network. In M. A. Wilson，R. J. Harvey，G. M. Alliger，& W. Bennett Jr.（Eds.），The handbook of work analysis：The methods，systems，applications，and science of work measurement in organizations [M].New York：Routledge Academic.2012：281－301；陈笃升，王重鸣.职业信息网络的框架、特征和应用 [J].心理科学进展，21（4）：721－731.

职业信息网络是一个网络数据库，能从整体上灵活地对职业、员工岗位胜任力进行描述。职业信息网络包含了 60 年的职业信息，能更精准、高效地对工作进行描述，并能让工作分析人员或员工更方便地进行访问，同时，职业信息网络还将《职业名称词典》的 12 000 个不同的职业精简至 1 000 个，使之成为更受欢迎的职业数据来源。职业信息网络内容模型，如图 3－3 所示，可以将职业信息网络中的数据分为两种不同导向，共 6 个不

[①]　远景管理咨询工作室.https：//www.perspectiveconsulting.net/o-net-job-analysis-system.html？share = twitter&nb = 1.

同的组，组成职业信息网络的内容模型。

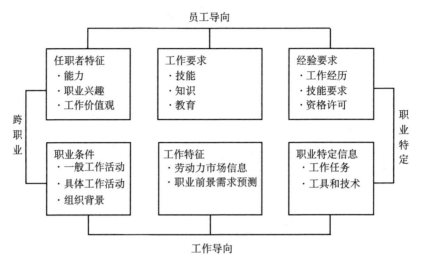

图 3 – 3　职业信息网络内容模型

资料来源：O＊NET 资源中心. http：//www. onetcenter. org/content. html.

第三节　制造业企业职务说明书

通过对收集到的信息进行整理和分析，形成了职务说明书，职务说明书主要包括两方面内容：即职位描述和任职资格条件。职位描述是指，对员工在现有职位上的工作任务、工作程序、工作条件和工作环境（包括职位所在的城市等物理环境以及组织文化等组织环境）的描述，是一种正式的描述性书面文件。任职资格条件阐明了在岗者为了完成本职工作所需要的知识、能力、技能和其他工作特征。

职务说明书是制造业企业人力资源管理活动的基本依据，具有重要作用。在招聘阶段，招聘人员能通过职务说明书向应聘者阐明该职位的工作地点、工作要求及其所需承担的工作内容、工作职责以及工作绩效和福利等信息，求职者也可以通过职务说明书了解这方面的信息，形成双向有效的了解。同时，职务说明书也是招聘过程中的门槛，为甄选过程提供依据。在绩效评价阶段，职务说明书中规定的职责和工作内容，也是对员工绩效进行有效评级的依据。此外，从员工视角来看，员工可以对照职务说明书进行查漏补缺，通过培训和学习提升工作能力和工作技能。如制造业企业在智能化转型升级过程中，对员工的编程能力提出了更高要求，员工则需要根据职务说明书中对编程能力的要求进行培训和学习，从而更加适应当前的岗位要求，提高工作胜任力。根据职位分析员的个人偏好不同，职务说明书的编写可能存在差异，但对工作的要求和描述总体应当是一致的。大部分职务说明书都包含了职位标识、职位概要、主要职责与任务、工作关系、绩效标准、职位权限、工作条件和任职资格条件等几个方面的内容。

一、职位描述

本书所讲的职位说明书即岗位说明书，记录了岗位要完成的工作任务、工作程序以及工作条件和工作环境等信息。职位说明书中的职位标识，见表3-6。

表3-6　　　　　　　　职位说明书中的职位标识

职位名称：工艺工程师	文件编号：
直接上级	版本：
所属部门：	页号：
定员标准：	拟订：
职位薪点：	审核：
职位级别：	分析日期：

资料来源：笔者整理。

1. 职位标识

表3-6是某企业工艺工程师职位说明书的一部分，从中可以看出，职位标识阐述了几个方面的信息：职位名称明确了该职位在企业中的名称，这能让求职者或不熟悉该职位的人迅速了解这一职位；直接上级明确了该职位的直接领导；所属部门表明了该职位所隶属的部门；职位薪点和职位

级别可用于确定员工的薪酬和等级；文件编号、版本和页号，是为了能在组织系统中更方便、快速地查询每份岗位说明书，提升效率并减少重复劳动；拟订、审核反映了编制职位说明书的工作人员和负责人；分析日期反映了编制职位说明书的时间，以便查阅职位说明书编制的时间、人员及编制过程，从而能准确地判断职位说明书是否需要进行修订或重新编制，以及是否适用于当前组织。

2. 职位概要或职位目的

职位概要（职位目的）是员工对所在职位应承担的责任和工作目的所进行的简单阐述，是以比较简洁的语句进行工作职责和工作目的的描述，并没有对具体的工作任务进行阐述。在对各部门进行工作任务分配和工作核查时，采用这种简单的描述方法显得更方便、有效。此外，通过对职位的总体概要描述，新聘用的员工能快速了解本岗位的工作。企业在发布招聘信息时，通常只给出待填补职位或新增职位所需承担的主要职责。

3. 工作职责与工作任务

工作职责是指，在组织中的特定职位上，任职者所需承担的责任；工作任务是为了更好地执行工作职责而需要做的具体事情。职位的工作职责与工作任务列出了在职者需承担的部分职责、工作任务和工作内容，部分企业也会加入工作活动要求的内容。企业在描述工作职责和工作任务时，有以下五点需要注意。

（1）对工作职责和工作任务的描述：以动词开始描述，然后用简洁的短语阐明这一动词的作用对象，要在描述中尽量避免使用形容词，原因在于，形容词的使用和堆砌可能会令职位说明书中提出的工作要求处于不太重要的位置。

（2）可以根据职位所承担任务的完成顺序和重要度对工作职责和工作任务进行排序，或者根据任务要求完成的时点和职责进行排序，能更加系统化地对职位进行描述。在特定情况下，也可以根据职位中的工作流程进行排序。

（3）在对工作职责和工作任务进行阐述后，可以进一步注明每项工作在整体工作中所占的时间比重和重要性，从而方便对职责的重要性进行评价。

（4）可以在职位说明书中阐明工作任务的截止时间以及应该实现的最终结果。任职者能对本职工作的要求和应达到的结果有清晰的认知，更有利于对任职者的工作进行检验。对任职者的工作结果，主要从数量、质量和时间要求等方面进行考量。

（5）需要采用专业化的词语对职位的种类、技能要求、工作职责、复杂程度进行描述。一般情况下，在制造业企业中，处于较低职位的工作任务是相对简单的，更容易对其工作任务和操作流程进行描述，而且工作内容相对简单且变化不大。但对于较高职位的工作要求更高，特别是对复合型人才（既懂技术也懂管理的人员）工作要求更高，包含的不确定性也更高，因而只能确定一般的范围和框架，而具体的工作要求则需要根据制造业企业面临的环境及其自身发展战略来确定。

如国内某知名汽车制造集团自动化工程师的岗位职责描述：

【维护】负责自动化生产系统的运营跟踪，及时排除报警信息；

【维修】管控自动化设施设备的维护维修；

【管理】负责现场的电气调试、技术指导，故障处理，改进措施处理；

【新设备管理】新设备生产线的调试、安装、编程；

【保养】负责自动化设备电路、气路等方面的装配换线；

【统计】检测、记录自动化系统运行情况；

【编制文件】进行文件和资料的编写、整理和归档。

4. 工作联系

工作联系阐明了该职位的任职者与其他人员在工作上产生的联系，工作联系相关的信息，一方面，反映了任职者在工作过程中需要面对、处理的各种与工作相关的关系；另一方面，反映了与组织内外人员进行工作联系的频率、进行联系的目的以及联系的重要性等。企业人力资源经理的工作联系，如表3-7所示。

表 3-7 企业人力资源经理的工作联系

工作报告对象	人力资源副总裁
监督对象	培训开发专员、招聘专员、薪酬福利专员以及秘书
工作合作对象	所有部门经理和行政管理人员
接触的公司外部人员	外部就业机构、管理人员代理招募机构、政府人力资源和社会保障主管部门

资料来源：笔者整理。

5. 绩效标准

职位说明书中还可以列出每项职责、任务对应的绩效标准，主要是基于工作职责、工作任务和工作内容的要求而定的。在制造业企业中，生产操作类的职位会更容易确定绩效标准，其他很多职位很难直接对工作绩效标准进行评定。通过量化职务说明书中的各项职责和任务的绩效，能形成该职位的工作绩效标准，如果只对任职者进行主观、抽象的评价，则不能有效地反映真正的员工绩效，因此，根据岗位职责对员工进行更为客观、具体的考核，才是最有效的。

6. 职位权限

职位说明书还需要包含任职者的工作权限范围，主要包括决策权、监督权以及经费预算管理权等。比如，职位承担者有项目实施与否的决定权、是否录用受聘者的决定权、有对员工请假的批准权、有权对员工实施奖励或惩罚，有权批准购买相关工作设备等。

7. 工作条件

职位说明书可以详细描述职位的工作内容以及所处的物理环境条件，如工作地点、办公条件等；工作环境中是否存在对任职者身体健康有害或威胁生命健康的因素，如粉尘、噪声、高温等因素。对工作环境的表述，说明了该职位对任职者身体的影响；若工作环境中存在危害任职者身体健康或心理健康的因素，则在职位评价中会将这些因素作为补偿性工资依据进行考虑，如在企业中建立"委屈奖"等。

二、任职资格

随着制造业企业的数字化转型、智能化转型和绿色化转型，企业更依赖于组织员工的技术和综合素质，对复合型人才的需求越来越大。在这种背景下，强化员工能力成为制造业企业实现转型升级、提高价值的重要途径。此外，制造业企业的员工不仅需要掌握传统的知识和技能，更多的是需要具备解决问题、适应数字化转型的能力，如传统的八大工艺员工，不仅要掌握传统的工艺技术，还需要具备人机协作能力。

任职资格为任职者能充分履行工作职责所应具备的知识、能力、技能、工作经验等提供了信息，这有利于在组织中建立通用的语言，确保人力资源管理者能对任职者的特征制定相同的标准，使人力资源管理者或非人力资源管理者、任职者能对特定职位所需具备的胜任力达成共识。一般任职资格作为工作分析的结果，与职位描述相结合，在招聘、培训和职业生涯管理等人力资源管理实践方面运用。任职资格也是对职位描述的延伸和进一步补充，表明任职者完成职位描述中的各项任务所应具备的知识、能力、技能等。

确定职位任职资格通常会采用两种方法。一是让熟悉这个职位的专家进行判断，即对每项工作职责让专家回答"完成这项工作，任职者需要具备哪些知识、技能和能力？需要哪些工作经验或职业资格证书才能胜任这项工作？以及需要什么样的身体素质和心理素质才能很好地完成这项工作？"等问题，通过对专家回答的整理和分析，可以总结出任职资格的大致内容。二是通过统计分析方法对当前任职者进行考察，分析哪些因素会影响其工作绩效，从而确定该职位的任职资格。

职务说明书举例，见表3-8，以某企业的技术部经理为例，说明职务说明书的内容。需要注意，职务说明书有多种多样的编写格式，有简单形式也有复杂形式，但总的来说，职务说明书所要反映的主要内容基本上是类似的。

表 3-8   **职务说明书举例**

职位编号		职位名称	技术部经理	所属部门	技术部
职位类型	业务技术类	直接上级	制造副总	编制日期	
职位摘要	负责根据客户需求组织产品、工艺设计并制定检验标准，确保产品设计满足客户需求、质量可靠、成本节约、便于加工，并为公司形成技术积累				

履行职责及考核要点

关键职责		工作内容	权限	频率	表单、文件		工作标准	工作量占比（%）
					名称	分送单位		
业务	研发流程	负责产品研发组织工作	决定	日常	研发计划	自存	按期完成设计	
	研发中的图纸准备计划	负责产品设计、加工工艺、产品质量标准、工装、量具、检具设计结果的审定	决定	日常	产品设计图、加工工艺、工装设计图、质量标准	相关部门	结构合理、质量稳定、便于操作	
	企业发展战略年度经营目标	主持技术攻关、项目立项及实施	制定	例行	立项申请书	主管领导	项目可行性高、效益显著	
	ISO 9000 标准	主持产品技术资料管理制度的制定实施	规划/执行	例行	技术资料管理制度	相关部门	资料变更准确、及时、有据；档案管理规范	
	技术情报收集流程	主持产品技术发展信息收集/分析	规划/执行	日常	产品技术发展分析报告	主管领导	分析准确、有效，支持技术决策	
	质量检测办法工艺纪律	负责审定工艺纪律、质检纪律稽查结果	审定	例行	稽查报告	主管领导和人力资源部	稽查结果真实有据	
	技术服务流程	负责协调指导对生产部门的技术服务	执行	日常	无	无	服务及时有效	
	企业发展战略	主持与外部技术合作的联系、可行性分析及合作方案拟定	执行	例行	可行性分析合作方案	主管领导	有利于实现战略目标，效益显著	
	合同评审制度	参与或派人参与销售合同评审	执行	日常	样品核对跟踪记录	营销部	准确、及时	

续表

关键职责		工作内容	权限	频率	表单、文件		工作标准	工作量占比（%）
					名称	分送单位		
业务	业务流程	主持编制本部门职位说明书	制定	定期	职位说明书	人力资源部	科学、合理、实用	
	考评激励制度	负责对下属日常管理进行考核并决定相应奖惩	执行/决定	例行	考评结果	人力资源部	考评有据、激励有效	
	绩效考核结果	内部人员调配，提出对下属的任免意见	建议	例行	任免申请岗位调配通知	主管领导和人力资源部	公平、公正、人尽其才	
	培训制度	培育人才，提高下属的管理技能和业务技能	执行	例行	培训计划	人力资源部	培训计划实施率	
	预算编制流程财务管理制度	拟订本部门预算，并遵照预算管理制度严格管理本部门预算	编制/执行	例行	部门预算	财务部	预算合理、执行规范	

工作关系	汇报：制造副总；配合：生产一部、生产二部、品质保证部、营销管理中心经理；指导：生产部门现场技术员、供应商；管理：产品研发科科长、工艺工装科科长、质量监察科科长；监督：操作员、检验员		
任职资格	专业背景	机械制造业本科及以上学历	专业知识与专业技能	较强的项目组织管理能力，具有丰富的专业技术知识，良好的管理能力和领导能力，敬业、责任心强
	工作经验	五年以上技术管理经验		
必要的业务培训	专业技术培训 智能制造培训 人机协作培训		
其他事项			

任职者（签名）： 日期：	直接上级（签名）： 日期：

资料来源：笔者收集整理而得。

第四节　制造业企业工作设计

制造业企业通过工作分析能生成高质量的岗位描述和工作说明书，企业再通过收集的信息对工作进行再设计，构建新的工作任务、工作职责和员工胜任力，做到人岗匹配、人尽其用，提高企业绩效和员工满意度。但是，在实践中并不存在普遍适用于所有制造业企业的工作设计方法，处于不同环境中的制造业企业需要对工作进行不同的设计和安排。此外，每个企业工作不同，在收集信息和对信息进行整理分析时的侧重点也不同。没有能在各方面都满足企业高层管理人员要求的方法，工作设计需要根据组织最关键的需求进行权衡。

一、泰勒科学管理

20 世纪初，泰勒提出能提高运营效率的科学管理，工作设计是其管理模型的核心。泰勒科学管理的工作设计运用理性的方法，提倡要更关注生产效率而不是更关注满意度。泰勒曾提出，现代科学管理中最明显的要素可能是任务概念，认为工人在工作时的每一个任务都应该是管理人员提前进行设计的，要让每个工人在工作前都能收到一份详尽的书面指导，说明他接下来需要完成什么任务，如何完成任务，以及完成任务所需要的非常精确的时间。泰勒所提出的科学管理原则及其著作，引起了管理人员们对系统工作结构进行研究的兴趣。他将工作划分为简单重复的动作或任务，让工人不断操作至熟练掌握，可以事半功倍地完成任务，提升生产效率。虽然泰勒的科学管理原则早在 20 世纪初就开始被采用，但现行的一些工作设计批评了这种将工人任务进行精确划分的做法，实际上，科学管理原则中的有些原则至今仍然适用。尤其是对于制造业的一线工作，通过划分工作任务和制定规范动作能极大地提高安全系数、工作效率。以下引用了 5 点泰勒科学管理原则。

（1）通过科学的方法对工作任务进行研究，正是工作分析的目的；

（2）提前对工人的工作进行安排，能使他们变得更有效率；

（3）将员工安排到合适岗位，为此，通过在招聘过程中使用工作描述实现；

（4）对员工进行培训；

（5）绩效与薪酬直接相关。

在制造业企业运用泰勒科学管理原则的实践过程中，人们发现科学管理的原则是有利于进行工作设计的，如果将专门化、重复性高的工作按照这些原则进行设计，能带来更高水平的产出，同时，企业仅对员工进行少量的培训，员工就能快速地掌握工作。比如，制造业中的流水线工人。但是，员工会渐渐地对高度重复、高度专业化的工作产生不满情绪。因此，泰勒科学管理在绩效产出上的提高，可能是以牺牲员工满意度为代价的。而在当前的数字时代，刘善仕和王雁飞（2021）提出，在数字泰勒主义推动下，泰勒的科学管理变成了算法，企业或平台不断地利用算法来提高运营效率，可能就会忽视员工的基本需求和利益。

二、工作重塑

一线工人是制造业企业的强大动力，人工智能与自动化科技正逐步取代生产工人，让他们面临更复杂、不确定性更高的职业环境。事实上，运用数字化智能技术取代人工生产，已成为制造业企业追求可持续发展的重要策略。因此，制造业用工人数一直呈现显著下降的趋势，2019 年，由23 241万人下降至 21 390 万人，减少了 1 851 万人。① 此外，制造业企业在推动国际化、数字化和电动化过程中，员工相应的能力要得到提升。例如，对于传统的八大工艺体系，在智能制造转型背景下，作为工艺体系的员工或管理人员，不仅需要具备技能工艺的职业能力，而且需要懂智能制造，从而让自己的职业与新时代下复杂性工作需求相匹配，实现职业的持

---

① 中国统计年鉴2019［M］. 北京：中国统计出版社，2019.

续发展（覃大嘉等，2020）。

在制造业企业中，传统的工作设计主要是管理人员为员工工作进行设计，即一个自上而下的过程，员工并不能对自身的工作内容进行设计或产生影响。近年来，组织开始强调员工的主动性，越来越认识到员工自己设计工作的重要作用。工作重塑正是强调了员工在组织中的主动性，认为员工受雇于组织后，可以根据自身能力和偏好等主动地调整工作，而不是完全被动地接受组织交给他们的工作（Berg et al.，2008）。工作重塑是指，员工通过主动改变工作内容与工作关系，对工作与社会环境重新进行定义，从而获得工作意义的行为（Tims et al.，2016）。达顿和瑞斯尼斯基（Dutton and Wrzesniewski，2008）认为，工作重塑包括三方面：（1）内容重塑，员工可以减少或增加工作任务，缩小或扩大工作任务范围并可以改变工作方式；（2）关系重塑，员工可以改变自身与他人的关系，无论是质量上的，还是数量上的；（3）认知重塑，即员工改变个人看待工作或思考工作的认知。在一项对销售工作的研究中，莱昂斯（Lyons，2008）发现，超过75%的销售人员在从事没有管理人员监督的工作重塑，如扩展工作任务、提升与客户的关系质量、开发个人技能等。

工作重塑干预的实践设计，可以进行培训和工作重塑练习。培训是干预研究中最常用、最基本的方法，也是其他工作重塑干预设计的基础。培训干预法成本较低、方便易行，能够被广泛使用。德梅鲁特和巴克（Demerouti and Bakke，2014）总结了成功的工作重塑培训的四个步骤。第一步是工作重塑的组织与沟通，即把工作重塑培训当作一个动机干预过程，以工作坊的形式召集参与者进行培训。在工作坊中，通过沟通与练习，让员工知道何谓工作重塑，并形成个人工作重塑计划。第二步是开始工作重塑行为。在这一阶段，员工要写工作重塑日志或周记，详细记录列在个人重塑计划中的工作重塑活动，如参与者被要求增加工作资源（寻求反馈和社会支持）、减少工作要求、寻求工作挑战性、增加自主性、参与决策与发展机会等。第三步是交流工作重塑体会。当参与者完成一段时间的工作重塑后，让他们再次相聚交换关于工作重塑行动的体验。在交流会上，他们讨论成功之处、存在的问题与解决方案。第四步是效果评价。即调查评估工作重塑培训对员工工作投入和动机的影响效果。

工作重塑练习指导手册具体分为四步。第一步，参与者先对目前如何分配工作时间、精力和注意力进行描述；其次，要求参与者根据不同标准的任务模块将工作分为三种类型，第一种是占据最多时间、精力和注意力的工作任务，第二种是占据最少时间、精力与注意力的工作任务，第三种是介于二者之间的工作任务。第二步，要求参与者从理想视角来描述其工作，目的是给参与者提供"怎样才能够将他们的工作重塑得更有意义"的想象机会。第三步，要求参与者围绕重构的任务群进行价值定位，目的是帮助参与者建立起对重塑的正确认知与正确理解，让他们从内心深处认为其工作重塑的任务是有意义的。第四步，建立行动计划，参与者需要确立短期、长期的特定目标及特定策略。

三、团队工作

越来越多的组织采用团队形式工作，团队形式也被证明比个人形式具有更高的效率。这意味着，对组织而言，一个重要的挑战是如何进行有效的工作设计，从而让一个团队或多个团队工作的员工获得更高的效率，形成"$1+1>2$"的效应。也正是组织对降本增效、减少产品生产周期和服务维护周期、增加组织响应力的关注，团队才会逐渐成为制造业企业的普遍工作形式。团队中一般是由两个人或两个以上人一起工作，他们具有互依性，为实现共同目标而在一起工作，例如，工程机械制造业建立了以岛为形式的班组，即一个生产团队。

团队常见的形式有问题解决团队、自我管理团队、交叉功能团队和虚拟团队，其中，较常见的是自我管理团队和虚拟团队，特别是在当前信息技术发展迅速的背景下，虚拟团队越来越成为最主要的工作方式，团队成员之间通过视频会议、电话、短信、邮件等方式一起工作和合作，这种团队工作方式可以降低成本并能更快速地解决问题。另一种是自我管理团队，这种团队合作方式使得团队在如何达成团队目标或组织目标上有更大的决定权和自主权，可以选择工作完成的方式、时间、任务分配方式、工作方式以及团队成员的培训、绩效分配等。在自我管理和虚拟团队建设中，需要考虑与工作分析相关的两方面因素：一是在组建团队时，需要强调团队成员所应具备的知识、能力、技能和其他特征，包括跨界能力，例如，团队成员从外部获取资源促进团队发展的能力；二是如果团队之间需要进行合作，则要求团队成员中有人际沟通能力、协作能力较强的团队成员。此外，团队成员之间是互补的，每个团队成员都能承担团队进行培训的一部分内容。

从团队工作来看，工作的本质是不断接受新的挑战和变化，尤其是制造业企业处于智能制造大背景下，团队工作中需要有能肩负起适应智能制造的员工。同时，灵活工作的出现也对制造业的用工带来了挑战，越来越多的年轻人会选择更自由的灵活的工作方式，这也要求制造业能适当运用弹性工作制，如进行远程办公或轮班。虽然没有人能确切知道将来人们的工作方式是什么，但是企业管理人员仍然会对提高组织效率和员工工作满意度的工作设计感兴趣。

思考题

1. 工作分析对人力资源管理工作及制造业企业经营管理工作的作用和意义。

2. 简述职系、职组、职级、职等的区别与联系。

3. 职位说明书（岗位说明书、工作说明书）、任职规范、职务说明书的关系。

小测验

1. 工作分析恰好回答了这两个问题，提供了编写_____和_____的信息。

2. 同一职等、不同职系的职位，_____有可能不同。

3. 任职规范在于发挥工作分析的_____，强调工作分析的_____

要求。

4. 收集职位信息的一般的方法有＿＿＿＿＿、＿＿＿＿＿、＿＿＿＿＿和

＿＿＿＿＿。

5. 工作导向的工作分析定量方法包括：＿＿＿＿＿＿、＿＿＿＿＿＿、

＿＿＿＿＿等。

6. 员工导向的工作分析定量方法包括：＿＿＿＿＿、＿＿＿＿＿、＿＿＿＿＿、

＿＿＿＿＿等。

第四章 制造业企业招聘管理

课程思政 ————————————————————————————

1. 价值塑造

● 培养在招聘工作中起点公正、过程公正、结果公正、程序公正的理念

● 培养在招聘工作中守信的优秀品质

● 培养在招聘工作中权利平等和机会平等的价值观

2. 知识传授

● 人岗匹配的招聘理念，招聘最重要的是招聘适合岗位的人员

● 根据工作说明书的岗位职责和任职规范，选择合适的招聘方式和甄选技术

3. 能力培养

● 培养流程思维能力。流程是保障招聘工作合规性的手段

● 培养心理测试的数据分析能力。通过对应聘者进行心理测试，探知应聘者的职业兴趣、性格、职业价值观等职业心理特质

学习目标 ————————————————————————————

● 掌握：制造业企业招聘流程，尤其是对关键岗位人员的招聘

● 理解：制造业企业的特点对招聘工作的影响，制造业企业主要部门通过合适的甄选技术和手段筛选应聘者

● 了解：制造业企业招聘渠道

第一节　制造业企业招聘概述

德才兼备的人才，是制造业企业成功的保证。在数智时代，制造业企业的成功不再仅凭产品特色，也不再仅靠降低成本，而是要借助善于吸引、发展和保留人才的能力。随着竞争的日趋激烈，如何招募到合适的人才，发现人才和留住人才成为竞争的关键，也成为制造业企业管理者日渐重视的问题。

在激烈的市场竞争中，人才的重要性毋庸置疑，能否招聘到适合本企业的优秀人才，是制造业企业能否在激烈竞争的市场环境中实现可持续发展的关键，良好的招聘机制是企业获得优秀员工的重要保证。制造业企业重视并有效地实施招聘，有助于其抢占发展先机。在企业中，人力资源的数量和质量不是一成不变的，例如，人员退休、离职、调动、淘汰等，因此，人力资源部门经常需要通过各种方式组织招聘活动，以满足企业对人才的需求。

一、招聘的含义

招聘包括招募和甄选两个环节。招募是通过各种渠道，为现有或预期可能空缺的岗位吸引尽可能多的合格应聘者的过程，这是一个吸引人才的过程。甄选是指通过各种标准和方法，不断对吸引到的人才进行甄选，减少应聘者的人数，直到剩下与所招岗位匹配度最高的应聘者的过程（赵曙明，2021）。招聘是制造业企业人力资源的获取阶段和准备阶段，与一般的招聘管理过程类似，制造业企业的招聘也包括吸引、甄选和录用三个相对独立又密切相关的环节。

二、制造业企业开展招聘工作的情境

一般来说，制造业企业会在以下情境出现时产生招聘需求。

- 制造业企业新增业务、转型、规模扩大等，需要招聘新员工填补新岗位
- 制造业企业产品结构调整、升级换代等，需要特定专业背景人员
- 现有岗位的职员人岗不匹配
- 员工队伍结构不合理，需要进行不同专业背景人才的调整以完善人才队伍结构
- 制造业企业内部员工调任、升迁、退休或离职，出现岗位空缺
- 引进制造业企业急需的特殊人才，以提高核心竞争力

总之，制造业企业需要不断吸收新生力量，提供可靠的人力资源保障以应对数智时代市场环境的急剧变化。由此可见，招聘工作是制造业企业人力资源管理中最基本的日常管理活动，在人力资源管理中具有重要的意义。

三、制造业企业招聘管理的影响因素

（一）劳动密集型传统制造业企业

传统的制造业企业通常以劳动密集型企业为主，一般包括制造部、技术部、管理部及生产车间等部门。在很多制造业企业中，制造部、生产车间的员工数量占比较高，具有典型的劳动密集型特征。主要原因在于，一方面，大多数传统的制造业企业的自动化程度不高，需要依靠更多劳动力来完成高度分工的工作，这导致许多制造业企业的劳动力需求较大；另一方面，部分轻工制造业企业，如服装、纺织等行业企业的生产技术含量不高，因此，员工进入门槛较低，这也使大量劳动力流入制造行业。根据国际劳工组织的数据，2021 年中国制造业就业人数为 1.47 亿，制造业企业的劳工需求较大，这就要求人力资源部门能够及时、准确地为企业招聘到符合岗位要求的各类员工。

（二）劳动力知识与技能素质要求

从受教育程度看，制造业劳动力中高等级人才占比相对较小。2019年统计局数据显示，2018年制造业城镇就业人口中高等院校大学专科及以上学历就业人员占比仅为17.3%，在国家统计局发布的19个行业中排名倒数第五，甚至低于全国22.8%的平均水平。[①]

可见，制造业劳动力知识与技术素质在行业中普遍处于较低水平。加上制造业企业对员工数量的需求尤其是对一线员工的需求较大，因此，部分制造业企业会在需求旺季进一步放宽劳动者进入门槛。现有一些制造业企业的做法是，与劳务派遣机构进行合作，企业对劳务人员来源了解不足，劳务人员法制观念淡薄，企业对劳务人员的管理效果不理想。

此外，在销售旺季，制造业企业之间为了抢夺员工，会进一步放低对劳动者的录用标准，甚至有些制造业企业只是简单登记一下劳动者的基本信息并不采取任何甄别措施，因此，制造业企业生产车间工人的技能水平普遍不高。在这种背景下，制造业企业为了招募员工，不得不再次降低其招聘门槛，劳动力之间的技能水平差异将进一步扩大。因此，人力资源部门需要拓宽招聘渠道，提高岗位匹配率。

（三）高级技能人才需求

随着中国产业形态、发展方向的变化，职业技能发展是中国未来就业计划的重中之重。制造业的发展尤其依赖技能人才的充足供应，比如，焊接技术作为"工业裁缝"在制造业生产中至关重要，目前，中国每年消耗钢材3亿吨，需要焊机约75万台，焊工专业技术人才供不应求。

受制造业企业转型升级的影响，企业生产设备也在不断更新换代，越

---

① https://www.thepaper.cn/newsDetail_forward_15294649.

来越多的现代化技术被应用于生产环节，这就促使制造业企业生产环节的专业化程度进一步提升，企业在招聘时，对生产设备操作人员的技术能力要求随之逐步上升。许多制造业企业都反映，高技能焊工等岗位经常是高薪挖不到人，究其原因，一是越来越少的年轻人愿意选择焊工专业，培养一名合格的焊工可能需要付出很多努力，而年轻人更青睐于智力劳动，更希望选择体面的工作；二是人们对焊工等技能工作的误解，很多人以为焊工会带来职业病等问题，比如，伤眼睛等，从而不愿意以牺牲健康为代价。这些都造成了制造业领域一线技能工人的招聘难，因此，人力资源部门需要更加精准地进行招聘，并采取一定措施留住高技能工人。

（四）智能制造转型

中华人民共和国人力资源和社会保障部公布的 2021 年四季度"最缺工"的 100 个职业中，有超过四成属于生产制造业及有关人员。[①] 中国重点制造业领域存在巨大的人才缺口，且这个缺口还在不断扩大，到 2025 年人才缺口甚至会达到 3 000 万人。而联合国预计，目前中国 20 ~ 64 岁的人口可能已经达到顶峰，若低出生率以及人口老龄化持续，2030 年后劳动力数量会大幅下降，这意味着制造业领域的人才供给将进一步下降。

随着制造业向高端化、智能化、绿色化发展，国内有的大型重工业制造业企业设立了 HSE 管理岗位，在健康（health）、安全（security）、环境（environment）三个方面进行监督管理，在生产过程中对各类安全问题以及环保问题的管理流程、管理方法以及管理工具进行优化，承担了三方面的战略性工作。企业出现了 6S 目标管理[②]和工作计划。HSE 管理岗位围绕 6S 目标不断对制造业企业作业现场安全问题进行监督整改。

---

① 中华人民共和国人力资源和社会保障部 . http://www.mohrss.gov.cn/SYrlzyhshbzb/dongtaixinwen/buneiyaowen/rsxw/202202/t20220222_436563.html.

② 6S 指整理、整顿、清扫、清洁、素养、安全。

HSE 总体负责环境和职业健康安全体系评审，负责公司"三废"（废水、废气、废渣）检测及与政府部门衔接。越来越多的企业在数字化转型、清洁生产、提升组织效能等方面加大投入，对中高端人才的需求量持续增加。尤其近年来，以智能制造为代表的新兴制造领域不断壮大，对高端研发人才和能够简单编程的一线技术工人的需求量迅速增加。而招聘难度最大的是研发人员、一线技能人才和销售人员，其中，诸如数据治理、架构师、数据工程师、人工智能工程师、机器人调试工程师等智能制造人才的缺口较大，这成为重点制造领域发展面临的巨大挑战。

（五）员工流动率

对于技术类、管理类员工而言，如何留住高知识人才是制造业企业面临的问题。在每一年内，制造业企业业务存在明显的周期变化，存在淡季和旺季之分。在行业发展的低迷时期，很多高知识员工的工作、报酬等都会大幅下降，工作内容的减少会降低员工对工作的热情度，而缺乏挑战性的工作也会加剧其失落感；报酬的降低则会使其对工作的满意程度降低，从而面临高级人才的流失。

制造业企业的一线工人流动率相对较高。原因在于，一方面，一线工人的来源渠道差异较大，多以劳务派遣的方式招聘到企业内，企业制度对员工的离职约束力不足，加上劳务派遣方式下的员工难以对企业形成认同感与依赖感，这进一步降低了员工离职的心理约束，造成这类员工的流动率较高；另一方面，有些一线员工职业素养偏低，缺少自我职业规划能力，入行后没有合理的个人职业规划，为了赚钱而赚钱，机械地完成工作。如果没有企业的正确引导，员工在看不到企业前景的情况下，容易对工作和制造业行业失去信心，稍有不如意就会离职。此外，制造业产品需求淡旺季的存在也是导致人员流动性高的主要原因，淡季辞退员工，旺季则招不到人。

四、当今先进制造业企业对招聘管理的影响或特殊要求

当前产业结构的快速变动促使人才资源涌向新兴产业，与此同时，青年群体中的一些错误观念，使得传统制造业难以吸引包括应届毕业生在内的年轻劳动力。因此，刚毕业的大学生可能不会选择制造业，这给企业招聘带来了一定困难。行业特点导致人员管理难度大，人力资源战略定位不明确，"救火"式的事务性工作占据人力资源从业者的大部分精力。在技术储备、高技能人才相对缺失的情况下，制造业劳动密集型的特点使得人员需求总量往往较大。安排工人加班加点，或是通过倒班、换线等各种方式保证生产任务如期完成已成为广大制造业企业常用的生产安排方式。由此引发的人事异动频繁、离职率居高不下、劳动纠纷频发等各种问题，带来了庞杂的事务性工作，极易导致人力资源管理战略定位不明确，专业性工作与事务性工作难以分开。

此外，制造业企业招聘对于候选人筛选标准严格，既要应聘者学历高，又要行业对口性强，并且要安心于企业工作。而现有制造业行业内人才池有限，行业内人才转型到其他行业偏难。

第二节　制造业企业招聘流程

狭义的人员招聘流程，包括招募、甄选、录用和评估四个环节。当出现用人需求时，制造业企业通过报纸、杂志、网络等多种渠道发布招聘信息，吸引人才应聘。随后，人力资源管理部门联合有用人需求的部门对应聘者进行综合评价与选拔，该环节是最体现招聘工作科学性、技术性的环节，也是能否通过招聘工作为企业获取优秀人才的关键环节。在选拔到合适人才后，企业对候选人进行录用。最后，对招聘工作进行综合评估，总结此次招聘工作的效果与经验教训。

为了使人员招聘有序进行，在招聘之初制定科学、合理的流程非常必要。另外，招聘活动是一个双向选择的过程，招聘活动代表企业形象，对应聘者来说，招聘是应聘者了解企业的过程，严密且科学的招聘流程能给应聘者留下较好的第一印象。本书以制造业企业为例，从招聘准备、招聘实施、招聘评估三个阶段介绍招聘流程。

一、招聘流程的制定步骤

招聘流程科学、合理与否关系着招聘效果的好坏，制造业企业的招聘流程制定步骤与一般企业类似，本书参考徐世勇和陈伟娜（2021）的相关研究，招聘流程如下：

- 分析企业现行组织结构、职位设置和职位权限
- 分析企业现行各项行政、人事管理制度、规定及工作流程
- 总结分析现有的招聘程序，并明确初试、复试和录用决策人
- 分析各岗位不同的任职资格
- 将上述内容归纳、整理，起草招聘流程初稿
- 将初稿与相关人员进行讨论，征求他们的建议和意见
- 将这些建议和意见进行整理，确定招聘流程试行稿
- 公布招聘流程试行稿
- 在招聘活动中，使用招聘流程试行稿，根据实际情况进行修改
- 试行期结束后，正式确定企业招聘流程

二、招聘的一般流程

一般招聘工作流程，如图4-1所示。招聘活动一般按照图示的几个阶段进行。

具体地，在制造业企业，招聘工作流程分为年度招聘和临时招聘，填写相关表格经领导层审批后，选择渠道进行招聘、面试、录用。招聘工作可以分三个阶段：招聘准备阶段、招聘实施阶段与招聘评估阶段。

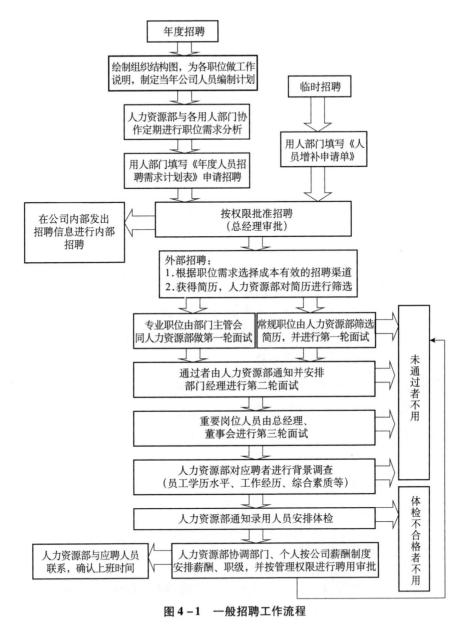

图4-1 一般招聘工作流程

资料来源：笔者收集整理绘制而得。

（一）招聘准备阶段

制造业企业招聘准备阶段的工作包括：

（1）绘制组织结构图，对组织中的各个职位进行工作分析，生成工作说明书，并制定当年公司人员编制计划。

（2）人力资源部与各用人部门协作定期进行职位需求分析。职位需求分析主要是针对公司各个部门的各类人员需求进行分析，确定人员招聘的种类和数量。具体来说：

第一，由公司各部门根据实际工作需要，向人力资源部提出用人需求。

第二，由人力资源部统一填写人员需求表。一般表格内容包括：所需人员的部门、职位、工作内容、职责、权限、所需人数及录用方式、人员基本情况（年龄和性别）、要求的学历和经验、希望的技能专长等（王丽娟，2012）。

对制造业企业来说，其对人员的需求一般具有特定的专业背景要求，如技术研发类岗位，需要应聘者具有机械、电气、控制、液压、动力、自动化、材料等专业背景；生产制造类，需要应聘者具有机械、工业工程、质量管理、机电、自动化等专业背景；互联网信息技术类，需要应聘者具有计算机、网络工程、软件、自动化、大数据等专业背景；财务金融类，需要应聘者具有财务、会计、金融、审计、经济、税务等专业背景；营销服务类，需要应聘者具有市场营销、国际贸易、电子商务、英语、小语种等专业背景；综合管理类，需要应聘者具有人力资源管理、工商管理、行政管理、中文等专业背景；商务采购类，需要应聘者具有物流工程、机械、电气、机电等专业背景。另外，高级职位对应聘者的学历背景有更高的要求，例如，985院校、211院校本科学历。

（3）用人部门填写《年度人员招聘需求计划表》申请招聘，人力资源部制定招聘计划。职位需求分析完成并获批后，由人力资源部制定详细的招聘工作计划，为后续招聘工作提供指导思想与执行思路。这有助于规范整体招聘过程，避免人员招聘过程的盲目性和随意性，提高招聘质量，为企业招聘到符合岗位需要的人才。有序的招聘工作还能将企业的优良作风传递给应聘者，为传播企业的良好形象提供载体。一份完整的招聘计划，一般包括招聘时间、招聘规模、招聘范围、小组成员、招聘预算。制造业企业可以根据具体情况增加其他内容。

需要说明的是，在制订招聘计划过程中需要组建招聘小组，招聘工作人员代表企业形象，其素质高低直接关系到企业能否吸引到优秀人才，因此，要慎重选择。

（4）按权限批准招聘。由人力资源部审核，对人员需求申请资料、相关费用进行审定和评估，提出是否受理的具体建议；再送主管部门审批，通常由总经理进行审批。

（二）招聘实施阶段

招聘工作的实施是招聘活动的核心，也是最关键的一环，总体来说，包括招募、甄选、录用三个阶段。

（1）在招募阶段，需要采用适宜的招聘渠道和相应的招聘方法，吸引合格的应聘者。招募阶段的主要目标是吸引足够的合格应聘者，为下一步人才甄选做好准备。一般来说，不同类别的人才获取信息的途径不同，制造业企业应根据所需人才的类型来选择适当的招聘方式。经常采用的招聘方式包括：报纸、杂志、广播电视、网络等。各类招募方式优缺点，见表4-1。

表4-1　　　　　　　　　　各类招募方式优缺点

渠道	优点	缺点	适用范围
报纸	成本低；发行广泛；分类广告便于查找	制作质量比较差；招聘对象没有针对性；容易被忽视	潜在的应聘者集中在某一地区并且存在通过阅读报纸找工作的情况
杂志	印刷质量好；保存时间长；针对性比较强	发行时间长；发行地域广，见效期较长	招聘的职位比较专业、招聘的时间比较宽裕、招聘的范围比较广泛的情况
广播电视	容易引起注意；灵活性强；传递信息更为直接和生动	费用高；传递的信息简单；持续时间短；不能选择特定的应聘者	需要迅速引起人们的注意，无法使用印刷广告、某一地区有多种类型的潜在应聘者的情况

续表

渠道	优点	缺点	适用范围
网络	费用低；速度快；传播范围广；信息容量大	信息过多，容易被忽略；有些人不具备上网条件	范围比较广泛

资料来源：徐世勇，陈伟娜．招聘与人才测评［M］．2 版．北京：中国人民大学出版社，2021.

招聘广告的内容要完整，一般包括企业名称、招聘职位、招聘人数、招聘要求、联系方式等，招聘岗位的工作职责和任职条件表述要清楚明确，避免吸引不符合条件的应聘者。招聘广告的设计是一门学问，虽然有许多可借鉴的模板，但也需要制作者别出心裁地进行设计加工。

（2）甄选阶段。甄选是指，在众多应聘者中选择符合企业职位需求的人员。在人员选择过程中，一般要根据岗位职责、任职者资格要求等，客观、科学地选择适宜人员。常用的人员甄选方法有申请表、笔试、面试、心理测验、无领导小组等，这些方法各有利弊，为充分发挥这些方法的优势，企业经常综合运用这些方法来甄选人才。

一般有三种结合方式，即多级障碍式、补偿式和结合式。多级障碍式是指，对应聘者依次设置多种考核项目和测试，每次淘汰若干低分者，应聘者只有通过所有考核环节才可能被录用。补偿式是指，任何一个独立的甄选环节都不能决定淘汰哪位应聘者，应聘者在所有环节的综合表现是决定其是否被录用的依据。结合式是指，甄选的程序结合了淘汰式和补偿式两种方法，有些环节是淘汰式，有些环节是补偿式。制造业企业应该根据具体情况慎重选择甄选方法及其结合方式。

（3）录用阶段。录用是在人才甄选结束后，依据结果作出录用决策并进行安置的活动，主要包括作出录用决策、发出录用通知、办理录用手续、员工初始安置、试用、正式录用等具体环节。在此阶段，一般招聘者和求职者要进行双向选择，若双方都选择对方，则二者之间的劳动关系可以建立，但如果其中一方不选择对方，则无法建立劳动关系。

录用名单确定后要挂网公示，接受群众监督，提高招聘工作的透明度。此外，及时通知应聘者是否被录用也是招聘工作的重要一环。首先，应及时通知被录用的应聘者，并发放录用通知，录用通知中需要讲清楚报到的时间期限和地点，在附录中还要详细说明如何到达报到地点以及其他应该说明的信息；其次，还应通知未被录用者，以示对所有应聘者的尊重，并向未被录用者表达其愿意应聘本单位的谢意，有助于帮助企业树立良好的形象。

在通知录用人员后，可能还会出现被录用者拒聘的情况。这种时候，人力资源管理部门的管理者应主动向被录用人员咨询具体情况，表明积极的争取态度，在企业可承受范围内，帮助被录用人员解决困难，满足其可能的合理要求，以便其顺利入职，达到吸引优秀人才的目的。

在制造业企业招聘工作的具体操作过程中，可能包含的具体环节有：根据职位需求，挑选成本效益高的招聘途径；获得简历，人力资源部对简历进行筛选；常规职位由人力资源部筛选简历并进行第一轮面试，专业职位由部门主管会同人力资源部做第一轮面试；通过者由人力资源部通知并安排，由部门经理进行第二轮面试；重要岗位人员由总经理、董事会进行第三轮面试；人力资源部对应聘者进行背景调查（员工学历水平、工作经历、综合素质等）；人力资源部通知录用人员安排体检；人力资源部协调部门、个人按公司薪酬制度谈定薪酬、职级，并按管理权限进行聘用审批；人力资源部与录用人员联系，确认上班时间。

（三）管理人员和研发（生产）人员招聘流程

下面，将针对制造业企业管理人员、研发（生产）人员单独介绍招聘流程。管理人员招聘流程，如图 4-2 所示；研发（生产）人员招聘流程，如图 4-3 所示。

（1）管理人员招聘分为内部招聘和外部招聘，内部招聘由人力资源部负责内部竞聘以及内部人举荐，外部招聘由人力资源部确定合适的招聘渠道。外聘分为线上招聘以及线下招聘，线上招聘主要包括线上面试、AI 面试等形式。线下招聘包括招聘会、交流会或与猎聘、智联招聘等公司合作等形式。研发（生产）人员招聘流程，如图 4-3 所示。

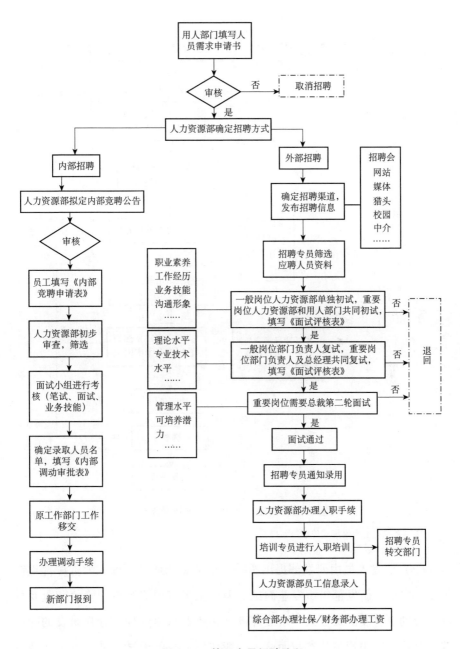

图 4-2 管理人员招聘流程

资料来源：笔者收集整理绘制而得。

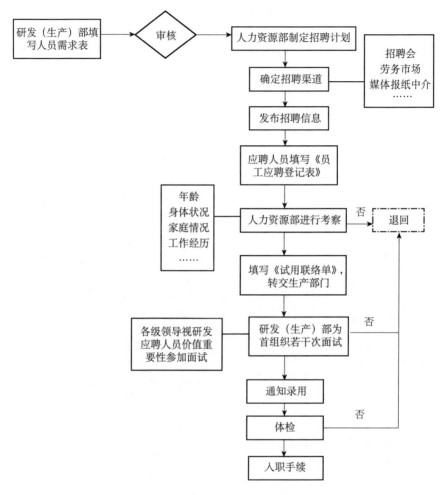

图4－3 研发（生产）人员招聘流程

资料来源：笔者收集整理绘制而得。

（2）研发人员由研发部提出招聘人员类型和数量，由人力资源部组织笔试，之后由研发部组织专业面试。面试主考官视应聘者的价值和重要程度，分别由研发部负责人、事业部部长、事业部总经理、分管研发的副总裁、总裁、集团董事长参与面试。一般研发人员的面试，基本由事业部总经理决定录用。最后，再进行招聘的其他必备环节诸如体检等，发出录用通知入职。

（3）生产人员招聘由生产部确认招聘人数及工种，人力资源部制定计划、确定招聘渠道、发布招聘信息、收集应聘人员资料，之后，进入生产部门试用、录用环节。未通过考察、未通过观察和复试、体检不合格者，皆不予录用。生产人员招聘一般由综合部负责。

（四）招聘评估阶段

完整的招聘工作一般由招聘的准备工作、招聘的实施工作，以及招聘的评估工作三部分组成，但企业在实施招聘工作过程中，经常忽略招聘评估阶段。现在，许多处于初创期或成长期的企业，开展招聘工作的经验尚不够丰富，对招聘评估工作的重视程度也不够，导致招聘管理效率不高。为使企业每一次招聘工作都能为下一次招聘工作提供良好的经验借鉴并形成一套较为完善的招聘管理体系，需要及时总结每一次招聘工作的经验和教训。

制造业企业要不断创新招聘方法，进行高质、高效的招聘工作，以降本增效。此外，对招聘工作进行评估，有助于帮助企业发现一些深层次问题，如发现人力资源规划、绩效考核、企业文化、晋升通道、企业形象等方面可以进一步提升改进的空间。

影响招聘工作效果的因素有很多，有来自企业内部的因素，也有来自企业外部的因素。因此，应该从企业内外两方面对招聘工作进行评估。企业内部因素主要包括企业的招聘计划、招聘策略是否恰当，招聘流程能否做到公平、公正、公开，人才甄选方法的使用是否科学有效，招聘工作的整体效果能否达到预期目标，招聘计划能否完成及其原因分析，以及其他相关管理环节对招聘工作的影响等；企业的外部因素主要包括劳动力市场中人才的供给情况及未来发展趋势，竞争对手的相关人才招聘政策与招聘策略等。

人力资源部应将上述信息及时收集、汇总，并向企业管理者提出相应的建设性措施，供其参考作出决策。

第三节 制造业企业招聘渠道

获取足够、合格的人力资源，是企业人力资源管理的主要职责之一。招聘渠道是企业获取合格人才的方式。人才的获取渠道有很多，如学校、企业内部的现有员工、人才市场、其他企业的员工等。在企业不同的生命周期阶段，会根据发展战略变化采取不同招聘渠道或者同时采取多个招聘渠道获取企业所需的人才。招聘渠道选择是否得当，关系到企业能否获取优秀人才，因此，企业管理者应在选择招聘渠道时慎之又慎。

一、招聘渠道

对大多数制造业企业而言，人员招聘有两大渠道：内部招聘和外部招聘。内部招聘又称内部选拔，是从企业内部选拔合适的人才来补充空缺的职位或新增的职位。外部招聘是根据一定的标准和程序，从组织外部寻找员工并吸引他们到组织应聘的过程（杨倩，2006）。这两种招聘渠道各具优劣，在招聘工作正式开始前，企业负责招聘工作的部门应根据企业实际情况以及待招聘岗位的特征慎重选择招聘渠道。

（一）内部招聘

当企业出现空缺职位需要招聘合适的人员时，企业内部员工和企业外部员工都可以成为该空缺职位的潜在候选人。企业内部员工既可以自荐应聘该职位，也可以推荐其他合适的候选人。当企业从内部选拔合适的员工填补空缺职位时，即采取了内部招聘方式。内部招聘既是吸收优秀人力资源的一种方式，也是企业开发人力资源的一种形式。内部招聘优势为：鼓舞士气、激励员工，提高员工忠诚度，降低离职率，提拔的内部员工可靠，为胜任工作岗位所需的培训与适应时间较短，有利于规避识人用人失误，招聘费用少等。内部招聘的劣势为：易导致内部板块结构，引发高层不团结，缺少思想碰撞等。内部招聘是一把"双刃剑"，企业需要因时制宜、因地制宜地根据实际情况选择招聘方式。

（二）外部招聘

外部招聘是指当企业某些职位存在人员空缺时，会采取科学的方法从企业外部招募、甄选和录用符合空缺职位特定要求的人员。一般制造业企业每年都会通过校园招聘、人才市场等方式进行外部招聘。外部招聘的优势为：为企业带来新的经营管理理念和做法，比培训的成本低，能够打破企业内部非正式组织"利益小集体"等弊端。同样地，外部招聘也是一把"双刃剑"，外部招聘的劣势为：招聘成本高，选错人的风险大，企业价值观和文化融合的时间长，熟悉岗位与工作配合时间长等。

无论是内部招聘还是外部招聘，都有其特有的优势和劣势，企业在选择招聘渠道时，需要根据招聘需求做出正确的选择。

（三）招聘渠道选择的影响因素

影响制造业企业招聘渠道选择的因素很多，有来自企业内部的，也有来自企业外部的。企业在进行招聘渠道选择时，需综合考虑不同招聘渠道的影响因素再作出决定。招聘渠道选择的影响因素有以下三种。

（1）企业发展阶段情况。企业发展有四个阶段，每个阶段对人员的需求存在较大差异，企业应根据不同发展阶段的具体情况选择合适的招聘渠道。

（2）企业空缺职位的特点。一般可以通过两项工作来确定空缺职位的特点，一是通过人力资源规划确定空缺职位的种类与数量；二是通过工作分析确定空缺职位的岗位职责与任职资格。需针对企业空缺职位特点选择适宜的招聘渠道。

（3）市场环境状况等外部因素。市场环境状况决定了企业能否采用外部招聘方式，如劳动力市场的供需状况、人才政策、行业薪酬水平、人才信用状况等都是影响企业招聘渠道选择的外部环境因素。如果市场环境不理想，就应采取内部招聘方式，避免外部招聘带来的风险。

二、招聘途径

（一）内部招聘的途径

内部招聘的途径主要有内部晋升、内部调用、工作轮换、离职返聘和内部竞聘五种。

1. 内部晋升

当企业出现空缺职位时，为充分调动员工工作积极性和工作主动性，推动公司各项业务发展，可以让能力和素质都得到充分认可的员工填补高一级的空缺职位。内部晋升一般要本着奖励先进、选拔贤能的原则，拓展员工的成长空间，激发员工潜能，及时为各岗位补充高素质人才，营造公平、公正、公开的竞争氛围。

2. 内部调用

在企业内部同层级或稍低层级的岗位有合适人选时，也可以从这些岗位选调过来。例如，当会计岗位缺人时，可以从审计岗位抽调过来。

3. 工作轮换

工作轮换是对员工进行培训的一种方式，也有助于暂时解决企业内部人员短缺问题。工作轮换不同于工作调动，工作调动一般是长期的人员调动，而工作轮换是企业有计划进行的，是员工之间短期的职位轮换，有助于员工熟悉原工作岗位以外的相关工作，降低工作的枯燥性，促进员工全面发展。

4. 离职返聘

离职返聘一般有两种情形，一是返聘以前解雇或下岗待业的员工；二是返聘已退休员工。使用返聘人员可以节约招聘费用，为企业节约成本。返聘人员对企业制度和企业文化较为熟悉，对工作岗位也比较熟悉，能够很快上手。

5. 内部竞聘

内部竞聘，即企业采用面向内部员工公开竞聘空缺职位的方式甄选所需员工，以促进企业职务升迁渠道畅通，满足企业和员工个人发展需要，提高公司和员工个人核心竞争力，进而提升经营绩效。

内部竞聘的方式、方法及流程并非一成不变，应根据公司战略的调整进行相应改变。无论采用何种方式，都必须坚持科学、公平、公正、公开、员工充分参与等基本原则。

（二）外部招聘的途径

企业会从外部寻找员工，特别是需要大量扩充劳动力时。外部招聘的途径主要有现场招聘、校园招聘、职业中介机构招聘、员工推荐以及网络招聘。

1. 现场招聘

现场招聘是指，通过举办专场招聘会的方式进行员工招聘。招聘的目的绝不是简单地吸引大批应聘者，而是获得企业所需的人员、减少不必要的人员流失。同时，招聘还有潜在目的，即树立企业形象。要实现有效的招聘，需要组织企业和招聘者在适宜的时间范围内采取适宜的方式实现人、职位、企业三者的最佳匹配，以达到因事任人、人尽其才、才尽其用的共赢目标。在运用现场招聘的方式时，只有采用多种方式宣传到位，才能吸引到足够多的优秀应聘者。专场招聘会的宣传方案一般会采取网络广告、微信、微博、QQ 空间及报纸广告的方式，尽可能通过多种渠道告知求职者本次专场招聘会的信息。

2. 校园招聘

校园招聘是企业应用较多的一种外部招聘方式，许多企业会每年定期到高校进行招聘宣传，提前签约即将毕业的优秀学生。企业常采用设立奖学金、捐赠、建立实习基地等方式，与高校保持长期合作。在校园招聘过程中，一般根据企业业务发展及优化人才结构的需要，以品德、学识、能力、经验、身体状况是否适合本岗位及职务需要为原则，有计划、分层次地招收新员工。

3. 职业中介机构招聘

企业如果不擅长开展招聘工作，可以选择将招聘管理工作外包给职业中介机构。职业中介机构掌握大量求职者信息，可以为企业节省许多时间，也能使招聘工作更具针对性。一般来说，职业中介机构更偏向于满足制造业、服务业的基层岗位需求。

4. 员工推荐

当公司职位出现空缺时，除了采用常规招聘渠道外，还可以鼓励员工推荐合适的人才加入，如员工的亲属、朋友、同学等。通过员工推荐引进人才，有利于及时、快速收集相关人才信息，提高人才引进工作的效率和质量，降低招聘成本。

5. 网络招聘

网络招聘具有便捷的优势，很多门户网站和 APP 都支持邮箱、微信、QQ、手机号码等注册登录，且遗忘密码或账号后，支持邮箱或者手机号码找回。企业越来越多地把岗位空缺信息放在互联网上，应聘者也可以利用碎片化时间随时查看。但网络招聘也有一定劣势，如信息量太大，应聘者难以准确找到所需信息。此外，网络上可能存在一些虚假招聘信息，需要应聘者谨慎甄别。

不同网站适用的地区有所差异。前程无忧在南方应用更普遍，智联招聘则在北方用户更多，因此，有"南无忧、北智联"的说法；中国人才热线集中在华南地区，尤其是深圳市及其周边地区；卓博人才网在深圳、东莞、惠州影响力比较大；一览英才网最大的特点是细分行业，有很多行业招聘网站，如电力英才网、LED 英才网，招聘对口技术人才和销售精英的效果较好。

招聘最重要的是对岗位职责、任职资格的掌握，还要清楚公司的薪酬水平处于行业的什么位置，把握最关键的招聘难点。还有众多自媒体渠道也是招聘的有效方式之一，自媒体渠道的表达方式更加多样化，又能达到宣传企业形象和企业文化的效果。

第四节　制造业企业人员甄选及其技术

不同行业之间的知识体系不同，业务达成目标不同，对人员甄选的差别很大。在制造业企业内，对研发人员而言，看重考察知识掌握度、研发过程了解度与设计工具使用度。对一线技工而言，侧重考察岗位工种制造技术操作。

一、人员甄选概述

（一）甄选的含义

甄选是指对应聘者的知识水平、能力、专业兴趣和个性特征等多方面的情况，通过专门的心理测量等工具进行深入了解的过程，为企业筛选适合工作岗位要求的最佳人员。甄选已经成为企业招聘过程中最重要的环节（廖泉文，2018）。甄选工作需要综合运用管理学、统计学、社会学、心理学等多个学科的理论、方法与技术，对应聘者进行科学、客观的测评，以判断应聘者是否具备胜任空缺职位的综合素质，并为最终作出录用决策提供参考。在进行应聘者甄选时需要注意的一点是，甄选应聘者不能只考察其知识技能水平，还需综合考察应聘者的个人特性、心理素质等因素，应聘者的专业知识技能、个体心理特质等因素共同决定了应聘者能否在该岗位上为企业创造效益。在现实中，有的企业过于强调应聘者的专业知识技能水平，忽略了应聘者的个体特征是否与空缺职位相匹配，这可能导致应聘者到任岗位后出现人岗不匹配的不良后果。因此，企业在进行人员甄选时，须以应聘者的任职资格条件为依据，全面、系统、科学地对应聘者进行考察、测评与选拔。制造业企业招聘环节的第一步是筛选简历，即对候选人的年龄和学历进行筛选。第二步是对相关经验的筛选，对其曾经工作过的单位进行调查与考察。例如，有的候选人在中小制造业企业的职位是销售总经理，但其年度业务总绩效却达不到大型制造业企业销售总经理年度业务总绩效的1/3。因此，筛选时要关注其曾经工作过的企业与本企业之间的可比性。

（二）甄选的内容

应聘者的任职资格和胜任能力主要取决于其与应聘岗位有关的综合素养，包括个体心理与个体行为、知识、专业技能、身体素质等因素，因此，人员甄选一般从这些方面对应聘者进行综合考评。

1. 个体心理与个体行为

个体心理与个体行为主要包括个体的价值观、态度、能力、人格、情绪等。价值观代表了人们判断对错、作出选择的标准，态度是个体对外界特定事物所持有的较为持久且稳定的内在心理倾向。能力则是指个体能够顺利完成某种活动所需具备的心理特征，如管理者需要具备较好的沟通能力、车间操作工人需要具备敏锐地辨别误差的能力。人格是与工作相适应的个人品质的总和，人格具有独特性、稳定性、统合性以及功能性等特征。情绪是指由特定的人或事物引发的较为强烈的情感体验（孙健敏，2019）。

2. 知识

知识是系统化的信息，包含专业知识和百科知识。专业知识是指，应聘岗位要求的特定领域的特定知识。如机械制造企业招聘研发人员，其对应聘者的专业知识要求可能是"需要应聘者具有机械、电气、控制、液压、动力、自动化、材料等专业背景"。百科知识则是除了特定领域的特定知识以外的知识，如天文、地理、英语、文艺、自然、体育等方面的知识。掌握百科知识的程度从侧面反映了应聘者的学习能力及基本素养的高低。制造业企业进行人才甄选，是为空缺职位挑选最适宜的胜任者，因此，需要对应聘者的知识掌握程度进行考察，以确定应聘者能否胜任该岗位的工作。

3. 专业技能

专业技能主要是指，从事某一职业的专业能力。很多职业都需要一定专业技能才能胜任。例如，一线焊工必须具备较好的焊接能力，销售人员要具有较好的交流沟通能力，而总经理则必须具备协调管理能力。技能测试的内容，也会因招聘岗位的不同而有所差异。如某机械制造企业在招聘技术工人时，通过让应聘者实操的方式来考察应聘者的专业技能。除了实操，还有的企业从应聘者是否持有从业资格证书来判断应聘者是否具备空缺岗位所需的特定专业技能。在制造业企业中，产品研发和生产售后等环节需要由具备丰富工作经验的业务骨干把控业务过程，以保证最终产品的质量，有的企业在生产环节内部单独设置过程质量岗。例如，有的制造业企业售后质量工程师的任职资格中的一条为熟悉五大质量工具：产品质量先期策划、生产件批准程序、测量系统分析、统计过程控制、失效模式和效果分析。

4. 身体素质

良好的健康状况是入职的基本条件。不同岗位对应聘者身体素质的要求不同，如机械制造企业对车间技术工人的身体素质要求一般会比对人力资源部门人事专员的身体素质要求更高。在通知应聘者被录用时，一般会告知应聘者进行体格检查，检查结果合格才能正式入职，要确保被录用者与空缺岗位的适配性。

在实际操作中，并非所有企业甄选应聘者都考察上述提到的几点，企业对应聘者进行甄选时所考察的标准可能会因企业的业务特征而产生一定差异。先进的技术和优异的产品质量往往是制造业企业打开市场的关键，提质降本需要更多高技术人才，如果应聘者的能力能得到企业业务部门关键岗位资深业务骨干的认可，那么，可以适当降低对其学历的要求。

为了对被考评对象进行客观、公正、合理的素质能力测评，通过多年实践，业界已经建立起一套行之有效的考评方法。主要包括申请表、笔试、心理测验、面试、评价中心等环节。后文将对制造业企业常用甄选技术进行简要介绍。

5. 年龄与从业经验

轻工业行业的制造业企业技术门槛相对较低，并不需要丰富的从业经验，对从业年龄也没有严格限制，流水线上生产工人比较容易胜任工作，人员更换较为频繁。而重工业行业的制造业企业技术门槛较高，对技术人员要求更高。例如，对于大型商用车，如自卸车和重载车的技术人员招聘，招聘人员往往更倾向于具有丰富工作经验的应聘者，以确保他们能够迅速适应并胜任工作。

当今先进制造业是技术密集型行业，而且技术更新日新月异。制造业企业之间的人才流动较为频繁，虽然有行业内的竞业禁止约束，但是，也无法做到不泄露任何核心技术机密，长此以往，对制造业的长远发展是不利的。

二、面试

面试是通过书面、面谈或线上交流（视频、电话）的形式考察应聘者的工作能力与综合素质，通过面试可以初步判断应聘者是否可以融入企业。面试是在特定场景下，以面试官与应聘者的交谈和观察为主要手段，由表及里测评应聘者的知识、能力、经验和综合素质等有关素质的考试活动。本节以某企业招聘技术人员为例，对该方法的应用实践进行说明。在面试技术人员的过程中，需要考察其技术背景以及综合能力，一般需安排两轮面试，第一轮是行业经验和技术背景面试；第二轮是综合能力面试。

1. 行业经验和技术背景面试

行业经验与技术背景面试主要侧重于考查应聘者的行业从业经验和相关技术背景（专业知识水平及特长），通常由目标职位所在项目的资深项目成员、项目组长、项目经理，研发部所管辖的部分项目经理，以及各个部门的技术骨干担任面试官。工作经验考察要点，见表4-2。专业知识水平及特长考察要点，见表4-3。

表4-2　　　　　　　　　　　　工作经验考察要点

	题目	面试要点参考
1	你现在或最近所做的工作，其职责是什么？它包括哪些具体的事务？你担任什么职务？	应聘者是否曾关注自己的工作，是否了解自己工作的重点，表述是否简明扼要
2	你认为你在工作中的成就是什么？	了解对方对成就的理解，了解对方能力的突出点，是否能客观地总结回顾自我
3	你认为该工作的难点或挑战性在什么地方？	只有熟悉该工作才能准确回答此问题，并以此判断对方的能力处于什么层级
4	你在工作中遇到过什么困难？你是如何处理的？	解决问题的方法固然重要，但更关键的是分析、判断时的思路和考虑过哪些因素
5	请谈一下你在公司的职务升迁和收入变化的情况？	从职业历程判断对方工作的成就和对自身成长投入的努力
6	谈谈你对公司未来某一业务发展计划的设想	了解对方思维的创造性和对工作的感悟能力，以及对本业务发展趋势的把握程度
7	你以前在日常工作中主要处理什么问题？	通过对方对自己工作的归纳，判断其对业务的熟练程度和关注度，可依此继续追问细节
8	以前工作中有过什么良好的建议和计划？	了解对方对工作的改善能力，要追问细节，避免对方随意编造或夸夸其谈

资料来源：笔者收集整理而得。

表4-3　　　　　　　　　　专业知识水平及特长考察要点

	题目	面试要点参考
1	你接受过哪些特殊专业训练？在哪里进行的？多长时间？有何收获？	关注最后一问
2	你认为自己有什么专业特长？做过什么专项研究？	与应聘职位一起综合考察，寻求共同点
3	你认为自己擅长的是什么？（说3点）	
4	谈谈你对本专业当前发展情况的了解。你认为业界今后的发展前景如何？	时刻掌握专业最新资讯的应聘者有培养潜力
5	你有什么级别的职业资格证书和能力证明？你认为它们能证明你能应付工作中的什么具体问题？	对本专业的深度理解
6	你最近阅读、写作或发表了什么专业文章或书籍？有何收获？	一般侧重于阅读的收获
7	公司主管和同事对你的专业特长和能力作何评价？	只能作为参考
8	询问专业术语和专业领域的问题	
9	专业领域的案例分析或现场操作	

资料来源：笔者收集整理而得。

2. 综合能力面试

综合能力面试具体考察的内容主要包括：语言表达、个性；应聘动机与期望；事业心、进取心、自信心；工作态度、组织纪律性、诚实可靠性；分析判断能力；应变能力；自知力、自控力；组织协调能力、人际关系与适应能力；精力、活力与兴趣、爱好等。通过考察上述几点，对该候选人的胜任程度作出综合判断。语言表达与个性考察要点，见表4－4。应聘动机与期望考察要点，见表4－5。事业心、进取心、自信心考察要点，见表4－6。工作态度、组织纪律性，诚实可靠性考察要点，见表4－7。分析判断力考察要点，见表4－8。应变能力考察要点，见表4－9。自知能力、自控能力考察要点，见表4－10。组织协调能力、人际关系与适应能力考察要点，见表4－11。精力、活力与兴趣、爱好考察要点，见表4－12。

表 4－4 　　　　　　　　　　**语言表达与个性考察要点**

	题目	面试要点参考
1	谈谈你自己	观察应聘者的语言是否流畅、有条理、层次分明，讲话风格如何
2	请谈谈你的一次失败经历	如果能迅速作答，则应聘者反应灵敏，或可能是应聘者善于总结经验
3	你有何优缺点	应聘者对自己的判断是否中肯，自信倾向、自卑倾向和自傲倾向如何
4	请讲述一次让你很感动的经历	考察应聘者是否感性

资料来源：笔者收集整理而得。

表 4－5 　　　　　　　　　　**应聘动机与期望考察要点**

	题目	面试要点参考
1	你为什么决定调换工作？你认为原单位有什么不足？你认为什么样的工作比较适合你？	观察对方的眼神，判断对方是否说实话。把原单位说得一文不值的人不宜录用
2	你最喜欢的工作是什么？为什么？请谈谈你在选择工作时考虑哪些因素？如何看待待遇和工作条件？	可同时判断对方的分析能力和自知力
3	你为什么选择来我公司工作？你对我公司了解什么？你为什么应聘这个职位？	只为找到一份工作而盲目求职的应聘者培养潜质不高，但对公司的不了解不应成为重点
4	你对我公司提供的工作有什么希望和要求？	能大胆而客观地提出要求的优先，提出不切实际要求的一般不予考虑

续表

	题目	面试要点参考
5	你认为自己有哪些有利条件？哪些不利条件？如何克服不利条件？	对方阐述不利条件时应盯住对方的眼睛以作出判断
6	你喜欢什么样的领导和同事？	喜欢什么样的人，自己也将最终成为那种人
7	你认为在一个理想的工作单位内，个人事业的成败由什么决定？	价值观的一种，不同的职位需要不同价值观的人，但基本观念不能和企业文化相差太远

资料来源：笔者收集整理而得。

表4-6　　　　事业心、进取心、自信心考察要点

	题目	面试要点参考
1	你认为现在的工作有什么需要改进的地方？	追问问题，避免对方夸夸其谈
2	你个人有什么抱负和理想？你准备怎样实现？	
3	你认为这次面试能通过吗？理由是什么？	理想情况是既自信又不狂妄
4	你对自己的工作有什么要求？	如追求完美还是追求效率，或"对得起这份薪水"等一般性回答，判断对方的工作特性
5	你经常向领导提合理化建议吗？举些例子	询问思路，避免对方搬用他人案例
6	你认为成功的决定性因素是什么？	追问问题：你认为自己具备其中的哪些决定性因素？
7	你怎样看待你部门中应付工作、混日子的现象？	对于管理者候选人可追问：你有什么改善的建议？
8	你的职业发展计划是什么？如何实现这个计划？	有计划的人才是真正有进取心的人，但要看对方所描述的是否适合本职位，或是否适于本阶段的本岗位工作
9	领导交给你一个很重要又很艰难的工作，你怎么处理？	理想情况是对方在表述中流露出敢担担子、主动解决困难的态度

资料来源：笔者收集整理而得。

表4-7　　　　工作态度、组织纪律性、诚实可靠性考察要点

	题目	面试要点参考
1	你认为公司管得松一点儿好还是紧一点儿好？	无标准答案，关键在于对方思路
2	在工作中看见别人违反规定和制度，你怎么办？	挺身制止并非最佳答案

续表

	题目	面试要点参考
3	你经常改进工作或向领导提建议吗？举例说明	能经常主动改进工作（哪怕是微不足道的改进）而不只是提出建议才是好的工作态度
4	除本工作外，你还在其他公司兼职吗？做什么职业？	两难问题，工作态度与工作能力间的矛盾，但以前做兼职也可能是工作不够充实，应询问清楚，不可随意判断
5	你在工作中喜欢经常与主管沟通、汇报工作，还是工作结束才做一次汇报？	无标准答案，工作习惯问题
6	你如何看待工作超时和周末、休息日加班？	理想情况是既能接受加班，又不赞成加班
7	你认为制定制度的作用是什么？怎样才能保证制度的有效性？	观察对方是否言不由衷

资料来源：笔者收集整理而得。

表4-8 　　　　　　　　　**分析判断能力考察要点**

	题目	面试要点参考
1	你认为成功的关键是什么？	要求对方分析理由
2	你认为自己适合什么样的工作？为什么？	希望对方切实结合自己的性格、能力、经历特点有条理地分析
3	你认为怎样才能跟上飞速发展的时代而不落后？	追问问题：你平时主要采取哪些学习方式
4	"失去监督的权力必然产生腐败"，对于这句话你怎么理解？	虽与工作无关，但主要判断对方分析问题的角度与推理思路
5	吸烟有害健康，但烟草业对国家税收有很大的贡献，你如何看待政府采取的禁烟措施？	虽与工作无关，但主要判断对方分析问题的角度与推理思路

资料来源：笔者收集整理而得。

表4-9 　　　　　　　　　**应变能力考察要点**

	题目	面试要点参考
1	在实际生活中，你做了一件好事，不但没人理解，反而遭到周围人的讽刺和挖苦，这时你会如何处理？	反馈的时间应作为主要参考因素，若对方在20秒内还没有回答，自然转入下一个问题
2	在一次重要的会议上，领导做报告时将一个重要的数字念错了，如不纠正会影响工作，这时你会怎么办？	
3	假如你的主管平时不苟言笑，某天你正和一位同事议论自己的主管，转身发现主管面色铁青地站在你旁边，对此你怎么办？	
4	你有朋友生病了，你带了礼物去看他，路上正好碰上你的领导，他认为你是来看他的，因此，他接下礼物连连致谢，这时你如何向你领导解释你是来看朋友的，而又不伤领导的面子？	

资料来源：笔者收集整理而得。

表 4－10   自知能力、自控能力考察要点

	题目	面试要点参考
1	你认为自己的长处和短处是什么？怎样才能做到扬长避短？	关注对方关于自己短处的描述
2	你听见有人在背后议论你或说风凉话，你怎么处理？	关注对方思维的出发点
3	你认为在自己选择的工作领域内，要想取得事业成功，哪些个性和素质是自己必需的？	关注对方的职业性格和职业能力
4	你以前的上司和同事怎么评价你？你认为评价中肯吗？	关注对方人际交往能力
5	领导和同事批评你时，你如何对待？	观察对方是否言不由衷
6	你的工作很努力，也有很多成绩，但你的收入总是没有别的同事高，你怎么办？	一味只会调整心态的答案并不可取
7	假如这次考试你未被录取，你今后会做哪些努力？	观察提到问题时对方瞬间的反应

资料来源：笔者收集整理而得。

表 4－11   组织协调能力、人际关系与适应能力考察要点

	题目	面试要点参考
1	你喜欢和什么样的人交朋友？你和同事关系相处得怎么样？请详细描述。	营造轻松氛围，尽量让对方放下戒心，展开阐述，从中观察细节
2	你经常与陌生人交谈吗？是否只习惯和关系很密切的朋友相处？	追问：你和陌生人搭讪一般是怎样开始的？
3	你经常发起和同学、朋友的聚会吗？在这样的集体活动中你经常扮演什么样的角色？	角色一般包括：发起人、主持人、参与人、被动参加人、边缘人等，聚会中的表现有：活跃气氛、高谈阔论、附和、观察、实干等
4	如果你调到了一个新部门，你会怎样着手适应新工作？	观察对方应对时的轻重缓急
5	你怎样与你不喜欢的同事安然相处，共同合作？	观察对方的阐述是否切合实际
6	你是否认为自己是一个比较受欢迎的人？遇到与朋友冲突的时候，你怎么处理？	既是对过去情况的了解，又是对自知、自信、处理问题能力的考察
7	如果由你牵头，组织有关部门制定5年发展规划，你应该如何开展工作？	对中、高层管理候选人适用
8	你们部门的副主管安排你写一项计划，你写完后交给副主管审阅，他很不满意，但你计划中的想法曾得到主管的赞同，这时你该怎么办？	两难问题，追问问题时力求条件苛刻，观察对方在压力下作出的反应；公司需要的不是力争到底的坚持，而是更进一步地收集资料，通过人际关系来积聚力量，寻找正确的工作决策和工作方法
9	如果你受到严厉的批评怎么办？	应根据回答追问，避免被对方的语言所敷衍

续表

	题目	面试要点参考
10	你更喜欢主动地开展工作还是由上级指挥工作?你喜欢独立工作还是与别人合作?	两类人都有可取的地方,当对方选择其中一类人时,可追问他对另一类人的看法

资料来源:笔者收集整理而得。

表4－12 精力、活力与兴趣、爱好考察要点

	题目	面试要点参考
1	你喜欢什么运动?	将对方的兴趣分为身体接触对抗型、不接触对抗型、非竞争型、静止型、独享趣味型等再进一步分析
2	你一般什么时候休息?什么时候起床?你经常和朋友玩到很晚才休息吗?	休息有规律者优先;能熬夜是精力充沛的表现,但若是经常玩到很晚则表明上进心不足
3	你业余时间怎么度过?有什么爱好?喜欢读哪些书籍?喜欢什么娱乐活动?	将爱好与应聘的职位一起分析,试寻找共同点,判断对方今后对职业感兴趣的可能性
4	你每月抽烟、喝酒、打麻将的消费是多少?	陷阱题,不良嗜好过多的应滞后考虑

资料来源:笔者收集整理而得。

综合能力面试之后,仍然要求写出评估报告,并给出是否录用该应聘者的建议。全部面试完毕后,部门主管会在多个能胜任的候选人中进行选择,做出录用决策并告知人力资源部。

三、无领导小组面试

无领导小组面试是指,通过情景模拟对应聘者进行集体面试的考察方式,通常由4~8位应聘者组成一个小组,面试官给定应聘者在特定情境下的问题,并不指定具体负责人,要求应聘者对问题进行分析、讨论和论述,面试官针对应聘者的表现以及与他人合作的状态评判该应聘者是否符合岗位要求(刘善仕,王雁飞,2021)。无领导小组面试和其他测评工具一样,既有突出的优点,也有一定缺点。无领导小组面试的优缺点,见表4－13。

表 4 – 13 无领导小组面试的优缺点

优点	缺点
测评效率高	选题标准较高
被测者在测评活动中的人际互动非常多	被测者的表现容易受到干扰
独特的考察维度	制定评分标准的难度大
被测者较难自我掩饰	对评委的要求很高
平等、客观、公平	—

注："—"表示无内容。
资料来源：笔者收集整理而得。

通常来说，完整的无领导小组面试的组织和实施主要包括三个阶段：准备阶段、实施阶段和评估阶段。本节以制造行业某集团招聘人力资源经理助理为例，对无领导小组面试的组织与实施进行说明。

1. 准备阶段

初试合格者进入无领导小组面试阶段。第一，相关部门进行岗位需求分析，确定合适的讨论题目和考评维度。考评维度可以包含沟通协调能力、团队协作能力、领导能力、创新学习能力等，根据岗位特性对每个维度赋予不同的权重。第二，选择适当的测试环境，如找一间空屋子，大小要能容纳所有面试官和应聘者（一般由 5 ~ 7 人组成），并放下一张圆桌和数把椅子。根据应聘者应聘的岗位，将应聘者分组，尽量将相互陌生的应聘者分到一组。并且，在保证面试官可以看到所有人表现的情况下，将小组之间的距离尽量拉大，避免相互影响。第三，组织安排应聘者围绕圆桌就座。

2. 实施阶段

实施阶段包含四个步骤。第一，发放题目，主持人介绍测评程序，讨论规则，一般限时 3 ~ 5 分钟；第二，个人发言阶段，小组成员轮流阐述自己的观点，面试官控制每人发言时间并观察记录，对应聘者形成初步印象，一般限时 3 ~ 5 分钟；第三，自由讨论阶段，小组进入自由讨论阶段，应聘者在讨论的最后必须达成一致意见，在讨论过程中，面试官要根据客观、公正的原则为应聘者在测评要素上打分，面试官不可相互商量，时间一般为 30 分钟；第四，讨论结果汇报，重点说明每个应聘者的具体表现。

进行无领导小组面试的面试官评价。面试官在无领导小组面试过程中，要对每位应聘者的表现进行观察与记录。特别是要对表现非常好与表现非常不好的应聘者做好标记，以便会后讨论。每组讨论后，面试官要及时汇总考核结果，若有分歧，则应通过协商达成一致的考核结果。

3. 测评效果评估阶段

得出最终的评分结果并不意味着测评过程的结束，我们可以就测评信度和测评效度进行分析评价。测评信度是指，测评方法的可靠性程度，比如，无领导小组讨论的实施过程是否公正，无领导小组讨论的题目是否合适，无领导小组讨论的测评因素选择是否合适等。无领导小组讨论测评评分结束后，我们还应对该测评的效果进行评估，也就是对无领导小组讨论这一测评工具的信度和效度进行检测。无领导小组讨论的信度主要检验题目理解是否有歧义以及指导语是否有误导等；无领导小组讨论的效度，主要通过被测者录用后在工作中的业绩表现是否与测试结果基本符合来判断。通过对无领导小组讨论这种测评方式效果的评估，为以后该测评工作改进提供参考。

四、公文筐测试

公文筐测试，又称文件处理测试、篮中训练法。它将应聘者置于特定职位或管理岗位的模拟环境中，由评价者提供一批该岗位经常需要处理的文件，要求应聘者在一定的时间内、规定的条件下处理完毕，并且，要以书面方式或口头方式解释处理原则和处理理由。文件筐测验是情景模拟测试的一种，通常用于管理人员的选拔，考察授权、计划、组织、控制和判断等各项能力素质。一般做法是让考生在限定时间（通常为 1~3 小时）内处理事务记录、函电、报告、声明、请示及有关材料等文件，内容涉及人事调整、安全卫生、劳资纠纷、工作程序等方面。一般只给日历、背景介绍、测验提示和纸笔，应聘者在无人协助的情况下回复函电、拟写指示、作出决定以及安排会议。评分除了看处理意见外，还要求应聘者对其问题处理方式做出解释，人力资源部根据其思维过程予以评分。

思考题

1. 当今先进制造业企业的特点对招聘管理产生什么样的影响或有哪些特殊要求？

2. 制造业企业对研发人员和一线生产人员甄选技术与一般企业有何不同之处？

小测验

1. 国内有的大型重工业制造业企业设立了 HSE 管理岗位，在_____、_____、_____三个方面进行监督管理。

2. 人员甄选一般有三种结合方式，即_____、_____和_____。

3. 企业内部招聘的途径主要有_____、_____、_____、_____和_____五种。

4. 企业外部招聘的途径主要有_____、_____、_____、_____以及_____五种。

5. 狭义的人员招聘流程包括_____、_____、_____和_____四个环节。

第五章　制造业企业培训

1. 价值塑造

● 培养敬业奉献的职业精神，培育修业、敬业、乐业、精业的工作态度

● 培养责任担当与使命担当，个人成长与奉献社会的思想品质

2. 知识传授

● 根据岗位的性质特点，选择适合的培训模式

● 根据工作说明书的岗位职责和任职规范，选择适合岗位要求的培训方法

3. 能力培养

● 培养流程思维能力。流程是保障培训工作合规性的手段

● 培养对培训效果进行评价的能力

学习目标 ────────────────────

● 掌握：制造业企业的培训流程

● 理解：制造业企业对培训工作的影响和特殊要求；培训效果的成果转化和评估；针对岗位的特点选择合适的培训方法和培训模式

● 了解：培训和开发的区别联系；培训内容与培训形式

第一节　制造业企业培训概述

一、人员培训与人员开发的概念与区别

人员培训是指企业为实现企业目标和满足员工个人发展需要，通过使员工学习，获得、改进有利于完成工作任务的知识、技能、观点、动机、态度、行为，以提高员工岗位工作绩效和个人素质所进行的有计划、有系统的战略性人力资本投资活动（杨生斌，2009）。人员开发是指，企业的雇主、主管、个人等通过学习、教育、培训、管理等有效方式，为实现一定的经济目标与发展战略，对既定人力资源进行利用、塑造、改造与发展的活动（萧鸣政，2016）。

在制造业企业，人员培训通常表现为根据实际岗位工作的需要，为提高员工素质和能力而对其实施的培养和训练。人员开发通常表现为对员工进行正规教育、在职体验、人员测评和人际互动等活动，并实现员工与制造业企业共同发展的过程。本书认为，人员培训和人员开发的范围基本一致，但也存在显著区别。人员培训与人员开发的区别，见表 5 - 1。

表 5 - 1　　　　　　　　　人员培训与人员开发的区别

项目	人员培训	人员开发
侧重点	当前	将来
目标	员工当前工作技能	员工未来工作技能
参与	强制	自愿

资料来源：笔者收集整理而得。

在制造业企业中，首先，人员培训侧重员工当前岗位工作；人员开发的侧重点既有当前的工作，也有未来可能从事的工作。其次，人员培训的目标在于，提高岗位员工当前的工作技能，解决岗位胜任问题；人员开发的目标，是为满足企业长远战略规划，有目的地培养员工某方面的技能和

能力，不一定与员工当前工作直接相关。最后，人员培训是员工为胜任岗位工作，提高自身素质能力的必需措施，是员工对企业应履行的义务，因此，人员培训带有强制性；而人员开发与员工职业生涯规划密切关联，关系到员工长期职业发展，人员开发必须征得员工同意。

二、培训内容和培训形式

（一）培训内容

在制造业企业培训中，围绕岗位工作和岗位职责所必需的知识、技能、能力以及工作态度等都是培训的内容。一般而言，制造业企业培训根据培训对象组织层面的不同，分为初级层面培训和深度层面培训。初级层面培训针对基层岗位员工的知识更新、技能升级、心态转变。例如，工作态度培训，在岗位工作中具备岗位职责要求的工作情绪。深度层面培训包括，针对中高层干部进行企业战略思维变革和管理潜能开发。因此，根据制造业企业人员所在组织层面的不同，对中高层干部更多培训其人际技能和概念技能，即部门之间的协同能力与掌控企业战略规划的能力。而对基层员工，更多培训其完成岗位工作应具备的知识、技能、能力、心态等方面。

（二）培训形式

根据培训与岗位工作的关系，可分为在职培训与非在职培训。根据培训的组织形式，可分为正规学校培训、短期培训、非正规学校培训、自学形式培训。根据培训目的，可分为文化补习、学历培训、岗位职务培训。根据培训层次，可分为初级培训、中级培训、高级培训。基层员工培训侧重于一般性知识和技能，中层员工培训侧重于理论思考能力提升，高层员工培训侧重于新的理论、方法、观念的启发。在培训形式上，总体而言，接受培训员工的级别越高，组织形式越小型化、短期化。

三、制造业企业对培训工作的影响和特殊要求

在先进制造业领域，人工智能与制造业日益融合，对制造业企业经营管理产生了重大影响。智能制造对人力资源管理中的培训管理工作也产生了重要影响并提出了特殊要求。

1. 先进制造业企业对研发人员和技术工人培训的影响和特殊要求

先进制造业企业，尤其是智能制造业企业对员工掌握数字化技术和智能制造技能和能力的要求十分迫切。然而，智能制造是近十年来兴起的新科技，落实到实际培训工作中，需要开发一种新的培训模式，或者开发一个新的培训项目。笔者调研了国内部分先进制造业企业，了解到现在不少智能制造业企业要求一线技术工人能够编写程序和调试程序。可见，智能制造业企业对人员的素质和能力提出了很高的要求，为了提升竞争力，先进制造业企业需要加强对研发和技术工人的业务培训。

此外，不同制造业企业根据其生产岗位所生产产品的不同，显现出不同的专业化特征。因此，员工在不同制造业企业中积累的工作经验并不一定适用或满足新企业岗位的技能要求。企业中从事一线生产的员工必须经过一段时间培训后，才能掌握新企业岗位所需的技能。

2. 先进制造业企业对培训师选择的特殊要求

先进制造业企业对技术研发有很高要求，而且，技术更新比较快。关于研发人员和技术工人的培训师选择，如果选择国内知名制造业企业专家，不仅要支付高昂的培训咨询费，而且，企业外聘专家对内部员工实际技能情况也不甚了解，因此，培训的针对性和有效性等就可能打折扣，从而迫使制造业企业不得不在企业内部物色优秀的研发人员和高级技师担任培训师。例如，笔者走访的几家国内先进制造业的有关工业机器人培训师，就由本企业高级专家担任，取得了不错的培训效果。需要强调的是，必须要对本企业相关培训师给予必要的薪酬奖励，否则，培训师的工作积

极性难以长久。

四、制造业企业员工培训协议

制造业企业员工培训协议的内容应包括：明确协议双方、培训期限、培训方式、培训地点、培训内容、双方在培训期间的权利与义务、培训费用的负担、违约责任、培训后的服务期限、服务期限与劳动合同的期限冲突的处理、双方有效法律的签署。下面，通过一个案例说明上述培训协议书条款的应用。

国内某制造业企业与国外某大学签订了一项培训协议，每年选派 2 ~ 3 名管理人员到该大学攻读管理学硕士学位。学业完成后，员工必须回公司服务 5 年，服务期满方可调离。某年 5 月，销售部助理小张经过公司几轮竞选，终于与其他两位同事一起获得了推荐。但小张早有打算，在此之前已获取了国外另一所大学管理学硕士的录取通知书。虽然该校的学费较高，但其声誉好，教学质量高，还能帮助学生申请到数额可观的助学贷款。经过公司人力资源部的同意，小张用公司提供的奖学金交了学费，又申请了 3 万美元的助学贷款，以解决和妻子在国外的生活费。按照小张目前的收入水平，需要 8 年才能还清贷款，如果他在一家外资公司工作，不到 4 年便可还清贷款。行期将近，公司人力资源部多次催促与其签订培训协议书，一直到离开公司的前一天小张才在培训协议书上签了字。第三年 6 月末，小张学成回国，并回公司报到。不过，10 月初，他便向公司人力资源部递交了辞呈，并按合同还清了公司为其支付的英语培训考试费、赴英签证费、学费等一切费用。不久，他便在一家美国大公司得到一个年收入 20 万元以上的职位。

根据本案例，请回答下列问题：

（1）该公司在选派员工出国培训时主要存在哪些问题？

（2）该公司采取哪些措施才能建立更有效的培训体系，防止此类事件再次发生？

第二节　制造业企业培训流程

一、培训需求

（一）培训需求分析

培训需求分析是培训活动过程中的首要环节。它主要解答培训原因和培训效果的问题，是确定培训目标、设计培训方案、实施培训计划和评估培训效果的基础（石金涛，2017）。

在制造业企业中，可以从组织分析、任务分析、人员分析三方面进行培训需求分析。其中，组织分析是明确组织中哪些部门或岗位需要培训。任务分析是具体培训什么内容。人员分析是有针对性地对哪些相关工作人员进行培训。

（二）培训需求确定

（1）对于常规培训需求，一般由公司企业管理部门开展培训需求调查，分析员工对培训内容的具体需求，最终确定培训需求。

①需求调查：结合公司发展战略、公司培训规定，企业管理部门定期组织员工进行培训需求调查，拟制《员工培训需求调查表》发送至各单位部室，并收回汇总。员工培训需求调查表，见表5－2。

②需求分析确定：企业管理部门收回需求调查表后，对其进行汇总和分析，提炼确定最终培训需求，作为制定年度培训计划的依据。

（2）对于临时性培训需求，由各单位部室负责人根据需要填写《培训需求申请表》，提出培训需求申请，经企业管理部门报总经理审核后最终确定。员工培训需求申请表，见表5－3。

表5-2   员工培训需求调查表

填表须知：为了更好地达成公司预期绩效，并满足公司员工的培训需求，公司将根据实际情况组织员工培训活动，在此前将进行调查。您的意见对我们很重要，请您实事求是地填写本调查表，于_____月_____日前交企业管理部门。

填表日期：

姓　　名		性　　别		年　　龄	
部　　门		职　　位		任职时间	
入职时间		学　　历		工作年限	

培训现状与需求调查（请在认可的答案"□"内打"√"，如选择"其他"请在空格内简要表述）

1	通过培训您最想提升的是什么？	□观念　　　□技能　　　□态度　　　□知识		
2	您认为最适合自己的培训方式？	□课堂讲授　　　　□岗位轮训　　　□导师制 □现场实际操作　　□游戏　　　　　□竞赛 □研讨会　　　　　□其他		
3	本部门（本人）近期的工作目标是什么？			
4	您觉得现在的哪些工作缺陷可以通过培训解决？			
5	您觉得要完成本部门的全年目标，还需提升员工哪方面的技能？			
6	您认为为了完成工作目标，哪些技能应该通过培训得以解决？			
7	您希望通过培训达到什么样的效果？			
8	您对本次培训时间安排的建议？			
9	您觉得培训效果是否应与绩效考评挂钩？			

资料来源：笔者收集整理而得。

表 5 – 3　　　　　　　　　　**员工培训需求申请表**

申请部门：　　　　　　　　　　　　　　　申请时间：

培训类型	□公司内部培训　　□外聘内训　　□送外培训
课程题目	
培训单位	
培训时间	
培训地点	
培训内容	1. _____ 2. _____ 3. _____ 4. _____ 5. _____
参训名单	
培训费用	_____元/人，共_____元　　　　　　附加费用：

审批意见：

申请部门负责人：　　　　　_____年_____月_____日

企业管理部门负责人：　　　_____年_____月_____日

总经理：　　　　　　　　　_____年_____月_____日

资料来源：笔者收集整理而得。

二、培训计划和培训设计

（一）培训计划制定

1. 年度培训计划制定

针对不同岗位层级和类别的人才，根据人力资源规划及培训需求分析确定结果，制定年度培训规划。根据年度培训规划和年度培训预算制定《年度培训计划》，包括培训对象、培训者、培训时间、培训方式、培训内容、考核方式、培训地点等。年度培训计划，见表5-4。

表5-4　　　　　　　　　　　年度培训计划

部门：	填表人：					填表日期：		
序号	培训对象	培训者	培训时间	培训方式	培训内容	考核方式	培训地点	经费预算
1								
2								
3								

合计经费

资料来源：笔者收集整理而得。

2. 具体培训计划制定

公司企业管理部针对每个培训方式制定具体培训计划，在实施前应确保与各用人单位部室协调沟通一致。

（二）培训设计

培训设计通过策划书体现，要根据项目规模、性质、高层管理人员需求等各方面的情况，选择具体培训项目。

1. 问题说明或机遇说明

问题说明或机遇说明想解决什么问题？这部分应提供某个培训项目各种因素的背景，必要时可回顾曾做过何种程度的尝试。

2. 范围界定

范围界定，想要获得的最终效果是什么？应通过该步骤回应上述问题。

对范围界定得越准确，设计培训内容时就越能贴近员工真实培训需求。

3. 完成标准

如何用最客观的标准衡量？如何知道已经完成？完成标准应该是可测量的，以杜绝完成后进行主观评价。

4. 培训假设

培训假设是培训策划书的可选项。培训策划书做了哪些假设？是否所有人都明白这些假设？如果高层管理人员、项目组其他成员的假设不同，两者的期望值就会大相径庭。

5. 影响说明及波及面

影响说明及波及面，是培训策划书的可选项。除了培训对象以外，本项目还将对什么人或什么事产生影响？波及面如何？这些影响可能是有益的，也可能是有害的，应慎重评估并写入文件。

6. 培训风险

培训风险是培训策划书的可选项。做或不做这一项目有何风险？风险分析的一种形式是提供关于主要风险及收益的全面分析，为判断实施该项目是否慎重提供依据。

7. 人员需求

人员需求，需要哪些人员配合工作？这部分应提醒公司内部相关部门，要求部门员工为项目做出努力。

8. 培训限制

培训限制是培训策划书的可选项。项目是否受到特别限制？例如，时机、环境、技术、设备、期限等。这些都要在项目一开始就考虑周全，以便及时寻求替换办法。

三、培训前的准备工作

首先，人力资源部培训工作人员，应该尽早确定培训的具体时间、地点以及参加人员等信息；其次，通过电话等通信工具，或张贴通知等方式，及时通知培训师和培训对象，配合培训师为培训准备必需的教材、讲义、课件等，同时，为培训准备必需的工具等；再次，根据培训计划或培训师的特殊要求，通知培训对象为培训做必要准备，比如，课前预习或完成作业；最后，培训当天，人力资源部培训工作负责人员提前1小时到场，做好培训课前必要的准备工作，如接待工作和签到工作等。

四、培训实施

在培训实施过程中，需要对培训过程进行控制。例如，在培训期间，人力资源部培训工作人员每天考查培训对象出勤情况。在培训课中，维持课堂纪律，配合培训师授课，提供必要的协助。培训课后，收发作业并提交培训师批阅。培训结课时，组织培训考核等。

五、培训评估

经过一个培训周期，人力资源部培训工作人员应该对本次培训效果进行全面分析，总结培训工作中的经验和不足。培训内容涉及培训成果的转化和培训效果的定性分析与定量评估。具体在本书第五章第四节阐述。

第三节　制造业企业培训实施

本节针对制造业企业内高管团队、研发部门、生产部门、营销部门四类最重要的团队或部门，具体分析制造业企业培训方法选择问题、培训模式选择问题。

一、制造业企业培训方法选择

对实际工作而言，应根据企业培训目的、培训内容以及培训对象，选择适当的培训方法，以便有针对性地进行培训，切实达到企业培训目标，获得良好的培训效果。

（一）培训方法

1. 企业培训方法种类

企业内部培训方法总体上分为三大类：第一类是针对员工个体的培训方法，包括讲授法、视听法、案例研究法、角色扮演法、商业游戏法、师带徒法、行为示范法、自我指导学习；第二类是针对部门或团队的培训方法，包括冒险性学习法、行动学习法、交叉培训法等；第三类是借助网络的培训方法，包括网络学习法、虚拟现实法、多媒体培训法等。

2. 培训方法的适用性

培训方法是为了有效实现培训目标而选择的方法，必须与培训需求、培训课程、培训目标相适应。培训方法的选择，必须符合培训对象的特点、习惯和偏好（李育辉，2022）。对于培训知识、技能、能力、心态，可考虑分别采用不同方法。首先，对于通过培训丰富员工某方面的知识和理论的，可以采用讲授法、视听法、网络学习法、多媒体培训法。这些培训方法的特点体现在培训师单向传授信息给培训对象；其次，对于通过培训提高员工操作技能的，可以采用师带徒法、交叉培训法；再次，对于通过培训提高综合能力的，可以采取案例研究法、自我指导学习法、行动学习法、虚拟现实法（模拟现实情景）；最后，对于通过培训提高员工行为心理态度的，可以采取角色扮演法、商业游戏法、行为示范法和冒险性学习法（户外拓展训练）。

3. 培训学习强度与培训方法选择

选择培训方法时，应该考虑培训课的学习强度。只有培训方法与培训强度相匹配，才能减少培训对象的疲劳感，获得更好的培训效果（李育辉，2022）。

培训强度与培训方法选择，如图 5 - 1 所示。由图 5 - 1 可知，当培训强度、学习强度不高时，培训对象的精力比较旺盛，注意力容易集中，这时，可以采取以讲授为主的培训方法。当培训强度为中等时，培训对象有些疲劳，容易注意力不集中，可以采取讨论式的培训，通过互动提高培训对象兴趣，例如，案例讨论。当培训强度很高时，培训对象已经很疲惫，再采取讲授培训或讨论式培训，效果不会理想。这时，采取角色扮演法或冒险性学习法，通过户外拓展训练方式，体力和脑力互为补充，既提高了培训对象的学习兴趣，也提高了培训对象的动手能力。

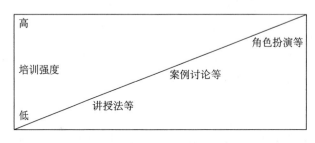

图 5-1 培训强度与培训方法选择

资料来源：转引自李育辉．培训与开发［M］．北京：中国人民大学出版社，2022.

4. 培训机构、培训师与培训方法的匹配性

（1）培训机构的选择。

企业从外部培训机构选择的培训师受过专业训练，培训组织过程比较专业，但缺点是对企业内部情况不熟悉，且培训费用可能会比较高。如果企业培训内容属于类似通识性的职能管理，且培训经费充足，则可以考虑从培训机构聘请培训师。

（2）培训师的选择。

企业内部的培训师，应该是企业培训师资队伍的主体。应该鼓励企业内部优秀员工担任培训师（杨生斌，2009）。此外，培训师的选择要能满足培训需求并实现培训目标，此外，培训师与培训对象应相互适配。

（二）制造业企业不同部门培训方法的选择

下面，针对制造业企业典型部门或团队，介绍高管团队、研发部门、生产部门以及销售部门的培训工作，分析采取何种培训方法。

1. 制造业企业高层管理团队培训方法的选择

高层管理团队属于企业高层管理人员，由上文培训内容可知，对高层

管理团队应侧重于战略思维变革和管理潜力开发。高层管理团队人员的总特点，是对概念技能、人际交往技能要求比较高。由管理学知识可知，企业高层管理人员尤其应具备概念技能，即要对企业战略发展有长远规划能力和掌控能力，对企业的突发事件应该有灵活的应对能力和果断的决策能力。

基于高层管理岗位对高层管理人员素质能力的要求，并考虑高层管理人员平时工作的繁忙程度，结合各类培训方法的特点，本书认为应选择培训时间短且高效的培训方法，例如，讲授法、视听法、案例研究法、自我指导学习、多媒体培训法，也可以外聘国内外知名企业家举办高层管理团队人员管理潜能开发方面的讲座，或者挑选国内外企业典型性的真实管理类案例，选择合适的时间段，举办本企业高层管理人员的案例研讨会，由本企业资深高层管理人员或有经验的培训师主持，引导研讨会的提问、思考、研讨、总结等。如果高层管理人员平时工作繁忙，还可以选择视听法、多媒体培训甚至自我指导学习，培训后提交学习体会总结，并在高层管理团队内部交流学习。在时间允许的情况下，还可以采取冒险性学习培训法，即户外拓展训练，以提升高层管理团队的团队合作能力和团队合作意识。

2. 制造业企业研发部门培训方法的选择

研发部门的员工分为高级、中级、初级，但仍属于基层员工，由上文培训内容可知，对于基层员工，应侧重于知识更新、技能升级或能力升级、心态转变。研发部门研发人员的总特点是素质能力比较高，尤其对创新能力的要求较高。

基于研发岗位对研发人员的要求，并考虑研发人员工作强度和工作繁简程度，结合各类培训方法的特点，本书认为可以根据研发工作的具体情况采取合适的培训方法。首先，如果研发任务比较重，可以选择师资投入较高、互动性好、培训时间较长的培训方法，这样培训效果会更好，如采取讲授法、案例研究法，也可以在研发人员之间进行交叉培训；其次，如果研发人员研发任务不重，可以选择网络学习培训法；再次，对于刚入职的研发人员，可以采取虚拟现实培训法和师带徒培训法，其中，虚拟现实培训法利用高科技虚拟技术，产生一个与现实接近的三维虚拟情景，从而使培训对象产生真实感；最后，如果要提高研发部门人员的团队合作攻关意识，建议采取冒险性学习培训法，即户外拓展训练。

3. 制造业企业生产部门培训方法的选择

生产部门的一线技术员工分为不同的技能等级，但仍属于基层员工，由上文培训内容可知，对于基层生产部门员工应侧重于知识更新、技能升级或能力升级、心态转变。生产部门一线技术员工的总特点，是操作性技能要求比较高，而对于智能化车间的技术员工可能还有掌握计算机编程的要求。

基于研发岗位对一线技术员工的要求，并考虑员工劳动强度，结合各类培训方法的特点，本书认为，可以根据一线技术员工的具体情况采取合适的培训方法。一般而言，对技术员工的培训是操作技能培训，比较强调培训师和培训对象之间互动。首先，如果一线技术员工平时劳动强度大且工作忙，可以选择培训投入少的方法，比如，行为示范法，培训师通过行为示范动作培训一线技术员工；其次，目前不少先进制造业企业采取智能化的生产方式，一线技术员工的劳动强度大大减轻，重体力工作由智能机器人替代，一线技术员工可以投入较多时间参加培训，甚至可以培训学习计算机编程技术，可考虑师带徒法和行动学习法；最后，如果一线技术员工学习能力较强，还可以采取网络学习法。

4. 制造业企业营销部门培训方法选择

营销部门在制造业企业是很重要的部门，虽然营销部门的员工分为高级、中级、初级，但仍属于基层员工，由上文培训内容可知，对于基层营销部门员工，应侧重于知识更新、技能升级或能力升级、心态转变。营销部门员工的总特点是，对人际技能要求比较高，营销人员要适应与各种类型的人打交道，推介销售本企业产品。

基于营销岗位对营销人员的要求，考虑到营销人员需要经常外出并与客户打交道的实际情况，结合各类培训方法的特点，本书认为，可考虑多采取行为方面的培训方式。例如，角色扮演法、商业游戏法、行为示范法、行动学习法，这些培训方法侧重于通过行为表现的方式展示与客户打交道的行为技巧。对于有经验的营销人员，可考虑采取交叉培训法，让有经验的营销人员相互交流营销工作经验，掌握人际沟通技能。对于刚入职的新营销人员，可考虑采用虚拟现实法。

二、制造业企业培训模式

（一）高层管理团队培训模式

企业高层管理团队成员是企业战略的促进者，因此，对高层管理人员的培训应侧重于企业战略思维变革和管理潜能开发，它是一种新理论、新方法、新观念的培训。对高层管理人员的培训，可以采用"项目制"培训模式。

"项目制"培训模式，见图 5-2。由图 5-2 可知，企业高层管理人员的培训涉及企业战略改革或企业战略思维提升。以项目制培训模式为基本流程：培训意向洽谈（培训需求）、培训项目方案设计、培训项目签约、培训课程设计、培训动员、培训实施、培训后期跟进、新项目退出。需要说明，在这个培训流程中，对项目的评估伴随着培训工作的始终。这样做的好处是，能随时评估每个培训阶段的效果，有利于培训师随时掌握高层管理人员的思想状况，并及时作出必要调整。

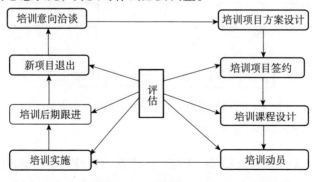

图 5-2　"项目制"培训模式

资料来源：笔者收集整理绘制而得。

企业高层管理人员部分培训课程，见表5-5。

表5-5 企业高层管理人员部分培训课程

课程名称	课程功效	课程名称	课程功效
执行力	掌握管理中的执行力	六项思考帽	通过学习本课程改善思维方式
管理才能评鉴	通过专业系统的测评，了解管理团队成员的管理短板	企业文化学习	加强对企业文化的认同
情景领导	提高领导者及其部属的能力，使他们处事更灵活变通	产品知识	掌握产品的最新进度和技术新资讯
精细化管理	掌握管理中的精细化	安全教育	学习国内外安全生产的新理念
项目管理	使用项目管理的方法改善工作方式和管理方式	市场形势和公司策略	洞悉市场形势，了解公司策略

资料来源：笔者收集整理而得。

（二）研发部门和生产部门培训模式

研发部门人员绩效和生产部门人员绩效，是典型的结果导向型绩效。对研发部门人员、生产部门人员的培训，可以采用传统的培训模式。研发部门人员和生产部门人员培训流程，见图5-3。

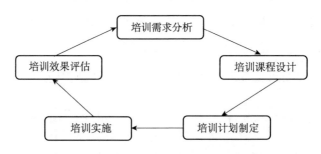

图5-3 研发部门人员和生产部门人员培训流程

资料来源：笔者收集整理绘制而得。

由图5-3可知，研发部门人员和生产部门人员的培训模式流程：培训需求分析、培训课程设计、培训计划制定、培训实施、培训效果评估。需要注意的是，对研发人员的培训，首先，要明确需要培训的具体内容，在哪些方面存在不足；其次，培训课程和培训计划需要紧紧围绕培训需要设计，授课内容也需要紧密围绕这两类人员工作中暴露的具体问题展开深入培训，才能取得较好的培训效果。

为了提高研发人员的培训效果，本书列举了部分制造业企业研发部门人员培训课程，见表5-6。

表5-6　　　　　　　部分制造业企业研发部门人员培训课程

课程名称	授课方式	课程名称	授课方式
液压系统优化设计	面授	结构与焊接知识	面授
柴油发动机	面授	三维造型工程软件（PROE）	面授
行业最新科研成果、发展趋势分析	外聘培训师	机电液一体化	面授
国家最新标准	外聘培训师	结构设计方法思路	面授
内部管理制度学习	面授	产品研发的项目管理	外聘培训师

资料来源：笔者收集整理而得。

为了提高一线技术工人的培训效果，本书列举了部分培训课程。制造业企业生产部门一线工人培训课程，见表5-7。

表5-7　　　　　　　制造业企业生产部门一线工人培训课程

课程名称	授课方式	课程名称	授课方式
在职售后服务培训课程	面授	焊工培训课程	面授+实操
储备售后服务培训课程	面授+实操	叉车工培训课程	面授+实操
钳工培训课程	面授+实操	外培机手培训课程（来厂）	面授+实操
电工培训课程	面授+实操	外培机手培训课程（外送）	面授+实操
铆工培训课程	面授+实操	执行力	面授
全面质量管理培训	面授	信息化系统	面授
精益生产	面授	精细化管理	面授

资料来源：笔者收集整理而得。

（三）营销部门培训模式

营销部门的绩效，是典型的行为过程导向型绩效。对营销人员的培训，可以采用行为培训流程。行为培训流程，见图5-4。

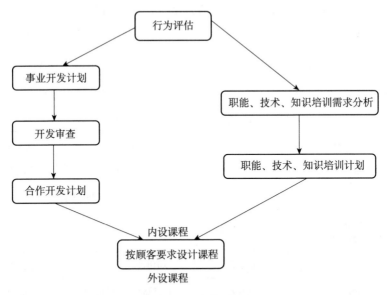

图5-4 行为培训流程

资料来源：笔者收集整理绘制而得。

由图5-4可知，培训流程按两条线索：第一，从事业开发计划角度，设置培训课程；第二，从职能、技术、知识培训需求分析角度，设置培训课程。这两方面可认为是内设课程。此外，按顾客要求设计课程，即外设课程。接下来，培训的其他环节，例如，培训的实施、培训的评估，仍按流程执行。

制造业企业营销工作人员部分培训课程，见表5-8。

表5-8   制造业企业营销工作人员部分培训课程

课程名称			
三纲专题教育	市场行情分析与前景展望	标书制作与注意事项	如何成为顶尖的顾问式销售人员
四德专题教育	竞争对手的优势劣势分析	营销管理制度与政策	销售技能技巧
商务礼仪	客户群体的介绍与营销特征	按揭与租赁知识	服务规范、程序以及三包规定

续表

课程名称			
有效的沟通技巧	客户关系维护与管理技巧	销售过程中如何有效规避风险	片区经理交流和实战模拟
产品初识及市场形势	市场信息收集方法与信息管理细则	诉讼案件管理办法	相关部门实习（车间、配件库）

资料来源：笔者收集整理而得。

第四节　制造业企业培训成果转化和培训效果评估

一、培训成果转化

培训成果转化通过以下四类效度指标加以评价。

（1）培训自身效度：在培训期间，培训对象的知识、技能和关键工作能力能否得到提高。

（2）迁移效度：在培训期间，培训对象的知识、技能和关键能力在多大程度上能运用到工作中，从而提升了培训对象的工作绩效。

（3）组织内效度：组织内受训的新培训小组成员的业绩是否与原培训小组成员的业绩相同。一般而言，具有良好效度的培训，应该能为组织带来更高的业绩效益，而不仅停留在原培训小组的业绩水平上。

（4）组织间效度：一般培训都是有针对性的，即带有组织文化的培训，但有些培训是具有通用性的，组织间效度是从这个角度出发，考察某个组织内实行的培训能否成功应用到其他组织。

二、培训效果评估

对培训效果进行评估，有助于企业及时了解培训信息，对培训课程、培训方式、培训组织等提出完善的建议，持续改进培训水平，使员工通过培训真正提升自身综合素质。

（一）针对培训师评估

1. 企业内部培训师

在培训结束后，企业管理部门及被培训人员针对培训效果进行评估，被培训人员填写培训效果调查表（1），见表5-9，并交由企业管理部门汇总分析，评估结果将作为培训师获得相应激励的依据。

表5-9　　　　　　　　　　培训效果调查表（1）

姓名_____　　　　　　　　　　　　　　　　　　日期_____

培训期间的工作安排是否合理	单位名称	很合理	较合理	一般	不合理	没安排	补充说明

本项补充说明：

培训内容是否充实	单位名称	充实	有事情做	一般	事情很少	无事可做	补充说明

本项补充说明：

请选择对个人帮助最大的培训项目	培训师姓名	指导项目				
		工作技巧	工作经验	人际关系处理	专业知识	其他（请注明）

本项补充说明：

续表

请写出此次培训过程中对你帮助较大的其他员工，并作简要说明	

本次培训过程中你遇到的困难，有没有相应的解决方法？

本次培训存在的不足之处及建议：

资料来源：笔者收集整理而得。

2. 企业外部培训师

在培训结束后，企业管理部门负责组织满意度调查，组织参加培训的员工对培训效果进行评估，填写培训效果调查表（2），见表5-10，评估结果将作为考核外部培训师的重要参考依据。

表5-10　　　　　　　　　培训效果调查表（2）

填表须知：请在"评分选项"栏中对您认为最合适的选项框内打"√"，非常符合——100分；基本符合——90分；一般——80分；不符合——60分；很不符合——40分。

培训方式		培训人		培训时间		
考核指标	要求	评分选项				
		非常符合	基本符合	一般	不符合	很不符合
培训态度（20%）	培训过程积极认真，对被培训人耐心指导，关心被培训人的进步成长					
培训内容（30%）	内容安排合理，有针对性，紧扣目标					
培训效果（30%）	能够结合工作要求及被培训人的特点，能解决某些实际问题，对被培训人工作和个人成长有较大帮助和指导意义					

续表

	符合岗位要求及本人培训需求，与整体预期相符				
需求符合度（20%）	符合岗位要求及本人培训需求，与整体预期相符				
意见和建议					
合计得分		评估人签名			

资料来源：笔者收集整理而得。

（二）针对被培训人评估

1. 公司统一组织实施的内部培训活动

在培训结束后，由企业管理部门组织各单位部室培训师及相关人员对被培训人进行评估，并填写员工培训情况反馈表，见表 5 – 11。

表 5 – 11　　　　　　　　员工培训情况反馈表

单位_____　　　　　　　　　　　　　　　　　　　　　时间_____

项目	考核内容	分值	姓名			
			A	B	C	D
责任感	具有强烈的责任心，能彻底完成任务，可放心交付工作	20				
	具有责任心，能顺利完成任务，可以交付工作	17				
	尚有责任心，能如期完成任务	13				
	责任心不强，须有人督促方能完成工作	9				
	欠缺责任心，时时督促，也不能如期完成工作	5				
协调合作	善于协调，能自动、自发与人合作	20				
	乐意与人协调沟通，顺利完成任务	17				
	尚能与人合作，达成工作要求	13				
	协调不善，致使工作发生困难	9				
	无法与人协调，致使工作无法进行	5				

续表

项目	考核内容	分值	姓名			
			A	B	C	D
沟通能力、适应能力	能很好地与他人沟通，能快速适应新环境	20				
	能较好地与他人沟通，较快适应新环境	17				
	可以与他人沟通，但沟通能力一般，能适应新环境	13				
	较难与他人沟通，适应新环境较慢	9				
	很难与他人沟通，很难适应新环境	5				
发展潜力	学识、涵养俱优，极具发展潜力	20				
	具有相当的学识、涵养，有发展潜力	17				
	稍有学识、涵养，有发展潜力	13				
	学识、涵养稍有不足，发展潜力一般	9				
	欠缺学识、涵养，无发展潜力	5				
专业知识	具有丰富的专业知识并能充分发挥，能圆满完成任务	20				
	具有相当的专业知识，能顺利完成任务	17				
	具有一般的专业知识，能符合职责需要	13				
	专业知识不足，影响工作进展	9				
	缺乏专业知识，无成效可言	5				
评定总分		100				
其他补充评价说明						

资料来源：笔者收集整理而得。

2. 内部培训活动

由企业管理部门和各部门负责人组织培训师、直接领导人及相关人员对培训效果进行评估，可以采取测验、面谈、考核等多种形式。培训效果记录，见表 5 - 12。

表 5 – 12   培训效果记录

填报须知：本表用于记录被培训人的培训效果。企业管理部门负责编制、汇总和整理被培训人的培训学习记录。

序号	姓名	性别	目前岗位	培训方式	培训内容	考核方式	培训时间	培训成绩	备注
1									
2									
3									
填表人签字					填表时间				

资料来源：笔者收集整理而得。

3. 个人自学情况

公司鼓励员工提升自身学习能力，以形成公司良好的学习氛围，建设学习型组织。对取得相应资格证书的人员，给予一定物质奖励与精神激励。

（三）针对人力资源部培训工作的评估

1. 年度培训计划执行情况

针对年度培训计划，企业管理部门对培训整体执行情况进行回顾与总结，撰写培训工作报告，并提交公司直属领导和公司总经理审阅。

培训工作报告的内容要点如下：

（1）上半年培训工作计划执行情况；

（2）下半年培训工作改进计划。

2. 日常培训计划执行情况

在培训结束后，企业管理部门组织参训人员对培训组织情况、课程设计情况和培训讲师选择等情况进行评估，填写培训实施评估表，见表 5 – 13。

表 5 – 13　　　　　　　　　　　**培训实施评估表**

填报须知：请在"评分选项"栏中对您认为最合适的选项框内打"√"，评分标准分为非常满意——25 分；满意——20 分；可以接受——15 分；不满意——10 分；很不满意——5 分。

选项	培训组织	培训课程设计	培训讲师选择	培训教材选择	评分汇总
非常满意					
满意					
可以接受					
不满意					
很不满意					
主要提升建议					
填表人签字			填表时间		

资料来源：笔者收集整理而得。

三、培训评估标准

（一）培训评估标准种类

（1）认知成果（笔试）：衡量培训项目中强调的原理、事实、技术程序或过程的掌握程度。

（2）技能成果（观察）：评价技术水平或运动技能水平。

（3）情感反应成果：态度、动机及培训对象对培训项目的反应。

（4）绩效成果：用来决策与实施培训计划的支付费用及工作业绩提高程度。

（二）评估标准计分

培训效果评估的结果，将作为被培训人绩效考核、岗位晋升以及接受再培训的重要参考依据。培训效果评估标准，见表 5 – 14。

表 5 – 14　　　　　　　　　　　**培训效果评估标准**

被培训人成绩	分数	备注
A	X≥90	优秀，有效培训
B	90＞X≥80	良好，有效培训

续表

被培训人成绩	分数	备注
C	80 > X ≥ 70	一般
D	70 > X	需改进，无效培训

资料来源：笔者收集整理而得。

四、培训效果评估计算

本书采用以下公式评估培训工作的效果：

培训的投资回报率（return on investment，ROI） = 培训收益 ÷ 培训成本

其中，培训成本包括培训直接成本和培训间接成本。

培训直接成本：参与培训的所有成员，包括培训对象、培训老师、咨询人员和项目设计人员的工资和福利，培训使用的材料和设施费用、设备和教室租金或购买费用、交通费用。

培训间接成本：与培训相关的设计、开发和讲授不直接相关的费用，主要包括一般办公用品、设施、设备及相关费用。

例题 1 某公司在 1999 年为技术工人培训花费直接成本 380 元，间接成本 1 200 元，根据 2000 年废品率统计表，废品率下降 3.5%，当年产值 252 800 元。试计算投资回报率（ROI）。

$$ROI = 培训收益 ÷ 培训成本$$
$$= (252\ 800 × 3.5\%) ÷ (380 + 1\ 200)$$
$$= 5.6$$

即每投入 1 元培训费用，可以产生 5.6 元回报。

例题 2 一个汽车零件制造厂在生产经营过程中曾出现三个问题，第一，每年生产的零件有 2% 因质量问题而被退货；第二，车间生产作业环境不好，如车间地上的钉子可能会伤到员工；第三，可避免的事故发生率高于行业水平。为了解决这些问题，厂部对管理人员进行培训：（1）开展与质量问题有关的绩效管理和人际关系技能培训；（2）如何表彰绩效提高的员工，一线主管人员、轮班监督人员和工厂经理层共 40 人参加

了由公司培训教师主讲的为期 2 周的培训课程。培训在一家酒店进行，培训项目是从一家咨询机构引进的，其中，包括视频资料和专用教材。而且，该项目的指导者是一名培训专家。

支出项目包括：项目购买费用 8 000 元，材料费 2 000 元，培训对象工资福利 16 000 元，教师课时费 3 500 元，教室视听设备租金 1 200 元，培训管理费 2 400 元，餐费 800 元。培训收益，见表 5 - 15。

表 5 - 15　　　　　　　　　　　培训收益

经营结果	指标	培训前	培训后	差异	货币计算
质量	退货率	2% 退货率，每年 4 000 个	1% 退货率，每年 2 000 个	- 1%，减少 2 000 个	每年节省 12 万元
环境生态	24 项检查	12 项不合格	4 项不合格	减少 8 项不合格	无法表示
可避免事故	事故发生的次数，直接成本	每年 20 次，每年 12 万元	每年 10 次，每年 6 万元	每年减少 6 万元	每年节省 6 万元

资料来源：笔者收集整理而得。

（1）请计算培训成本和每个培训对象的成本。

（2）该培训项目的成本效益比率。

培训成本 = 33 900 元

单人培训成本 = 33 900 ÷ 40 人 = 847.5（元/人）

成本效益比率 = 项目净利润 ÷ 项目成本 × 100%

= [（12 万 + 6 万）- 3.39 万] ÷ 3.39 万

= 431%

🛡 思考题

1. 制造业企业对培训工作的影响和特殊要求。

2. 制造业企业不同部门的岗位应选择何种培训方法？

3. 制造业企业不同部门如何评估培训效果？

⚙ 小测验

1. 员工培训带有_____，人力资源开发必须_____。

2. 中高层干部更多培训其_____和_____。

3. 对基层员工更多培训其完成岗位工作所应具备的_____、_____、_____、_____等方面。

4. 培训流程：_____、_____、_____、_____、_____。

5. 培训的投资回报率 = _____ ÷ _____。

第六章　制造业企业绩效考核

1. 价值塑造

- 增强学生对社会主义制度、国家经济政策以及中国企业绩效考核方式与方法的认同感

- 有助于培养学生民族自尊心和荣誉感，从而提升学生对祖国的凝聚力和向心力

2. 知识传授

- 绩效考核主体确定

- 绩效考核方法选择

- 绩效考核指标设计

- 绩效考核过程控制

3. 能力培养

- 培养流程思维能力。流程是保障绩效考核工作合规性的手段

- 培养具备绩效考核的管理才能

学习目标

- 掌握：绩效考核主体的选择、绩效考核方法的选择、绩效考核指标的设计

- 理解：制造业企业绩效考核的特点、绩效考核方法的选择、绩效考核指标的设计

- 了解：绩效考核的基本流程及过程控制

第一节　制造业企业绩效考核概述

一、绩效

绩效是企业所有利益相关者关心的重要问题，尤其与企业经营者、员工休戚相关。在企业中，员工薪酬等级的确定、职位晋升机会等都与绩效直接相关，同时，绩效还会影响企业的发展水平与未来竞争力，因此，需要了解的一个问题，为什么是绩效？

根据《韦氏词典》，绩效是指，完成、执行的行为，以完成某项任务或者达到某个目标，通常是有功能性的或者有效能的[①]。目前，学者们对绩效的界定源自多个角度，包括绩效产出说、绩效行为说、绩效综合说。绩效产出说主要由伯纳丁（Bernaedin，1995）提出，认为结果在绩效管理体系中最为重要，是最主要的构成部分，结果的含义应当根据组织内部与组织外部的客户界定，因此，绩效应当定义为工作结果，原因在于，这些工作结果与组织战略目标、顾客满意度及所投入资金的关系最密切（伯纳丁，2009）。绩效行为说对绩效产出说提出了挑战，坎贝尔（Campbell，1990）指出，绩效是行为，应该与结果区分开，原因在于，结果会受系统因素的影响。因此，坎贝尔将绩效定义为，绩效是行为的同义词，是人们的实际行为表现并能通过观察得到。绩效综合说认为，绩效是产出与行为的综合，原因在于，行为是实现结果的前提条件。布鲁姆布拉什（Brumbrach，1988）将绩效定义为：绩效指行为和结果，行为由从事工作的人表现出来，将工作任务付诸实施。事实上，行为也被认为是一种结果的表现，是员工在实现工作目标时所付出的脑力行动与体力行动，当然，行为与结果之间也可以通过指标区分，形成对二者的独立判断。绩效综合说是

---

① 韦氏词典［M］. 10 版. 北京：世界图书出版社，1996.

目前较为认可的一种定义绩效的观点，原因在于，在企业实践中越来越难以将行为与结果区分开来。

本书也认同绩效综合说的观点，把绩效定义为产出与行为的综合结果，认为绩效是指，为实现企业战略目标，组织、部门或员工所产生的与工作目标相关的行为与结果。这个定义包括两个要点：第一，绩效是产出与行为的综合考虑；第二，绩效的产出与行为不是一般意义上的，而是服务组织战略目标所产生的与工作相关的行为与结果。对企业而言，绩效因其对应的组织层次不同而有多种表现。从管理学视角出发，绩效可以分为组织绩效与员工绩效。组织绩效是指，某一时期内组织任务完成的数量、质量、效率等状况；员工绩效是指，员工在某一时期内的工作结果、工作任务和工作态度的综合。

二、绩效考核

绩效考核又称绩效评估，是对员工个人在职的绩效和行为做出评估的过程，其目的在于评估员工培训需求，确定合格的留任者，进行薪酬调整以及晋升（王怀明，2022）。绩效考核是推动企业战略目标实现的重要一环，也是执行人力资源管理工作的重要内容之一。一方面，企业可以分解宏观层面的战略目标，分解成为相关的绩效考核指标，并通过关键指标引导员工明确企业的战略目标，并通过考核结果督促员工的工作行为，将企业目标与员工行为进行有效衔接；另一方面，绩效考核又能指导企业进行招聘、培训与薪酬调整等工作，与人力资源管理的其他模块息息相关。因此，有必要清晰地界定绩效考核的含义。

从理论层面来看，绩效考核是考核、评价与反馈的完整过程，考核与评价是考核主体针对员工进行的，旨在评价员工的履职程度与发展潜力，其参照对象是职位的岗位要求、标准、目标等内容。考核主体可以通过多种方法对员工进行全方位的考核与评价，一般包括定性方法与定量方法，当然，评价过程与评价结果都应当尽最大可能地保持公平、公正、客观。反馈则是指，在对员工进行考核与评价之后，要将绩效结果反馈给每一位员工，让员工充分了解考核结果，并通过考核结果促进员工改进并提高工作效率，以达到实现企业目标的目的。具体而言，绩效考核的重点有以下四点。

（1）绩效考核的目的是实现企业战略目标，因此，考核的依据与标准也是企业战略目标；

（2）员工行为结果与未来发展潜力都是绩效考核与绩效评估的主要内容，用于对员工现在与未来的发展进行指导；

（3）绩效考核方法的多元化，是多种定性方法与定量方法的结合，目标是实现绩效考核的客观性、科学性、公平性；

（4）反馈是绩效考核的重要一环，不容忽视，通过反馈可以帮助员工持续提升工作绩效。

但值得说明的是，在实际的绩效考核管理中，管理者或者员工对绩效考核内涵存在一定误解。主要表现为以下五个方面。

（1）将绩效考核当作管理，认为管理工作就是考核；

（2）过分依赖地将绩效考核结果作为一种管理员工的方式，凡事以成果论英雄，事实上对于新进入的员工是不利的，同时，对工作能力不足的员工也是不友好的，这种情况会导致重结果、轻过程；

（3）过分强调绩效考核，导致管理者的角色认知误差，管理者将自己放在"警察"的角色中，而将被考核员工放在了对立的位置，造成两者之间的对立与冲突，这不利于管理者管理效率的提升；

（4）过分重视考核结果在一定程度上能够提高员工的工作绩效，但这种驱动力并非来自对企业目标、企业价值观的理解与认可，而是来自对绩效考核结果带来的奖惩措施的妥协与担忧；

（5）对于一部分工作消极或者能力不足的员工而言，绩效考核可能会进一步降低员工的工作积极性，原因在于，他们认为即使努力也不能达到绩效考核的要求，而不得不选择消极怠工。

因此，管理者与员工都要正确认识绩效考核的内涵与目标，并设置客观、科学的绩效考核指标体系与公平、公正的绩效考核过程，从而有效地运用绩效考核结果。

三、绩效考核流程

企业的绩效考核主要包括以下四项工作。

（1）制定绩效考核计划。在实施绩效考核工作之前，企业需要对绩效考核的整体过程进行规划，包括明确绩效考核的目标、绩效考核的主题、绩效考核的指标与方法以及绩效考核的过程控制等，以保证企业绩效考核的顺利实施。

（2）设置绩效考核主体。一是企业应该成立专门的绩效考核小组来完成绩效考核工作，并对小组工作进行合理分工，督促并执行绩效考核的各项工作；二是明确绩效考核主体的职责，企业要明确各子企业、各部门以及经理等主要绩效考核主体的工作职责。

（3）构建绩效考核指标体系与绩效考核方法。企业需要确定绩效考核的主要维度，也就是对于企业、部门、员工等不同层次设置相应的绩效考核指标，同时，明确绩效考核的相关方法，以保障绩效考核结果。

（4）控制绩效考核的实施过程。在绩效考核过程中，为了保障绩效考核目标的实现以及绩效考核的顺利实施，需要对绩效考核过程加以控制，主要的工作是进行绩效沟通，在绩效考核实施前、中、后都应该与员工保持绩效沟通。

四、制造业企业绩效考核的特点

（一）自上而下与自下而上的绩效考核指标设置方式

制造业企业的指标体系设置，具有自上而下与自下而上的特点。对于一线员工，主要采用自上而下的指标设置方式，即一线员工的绩效考核指标主要根据企业的绩效考核指标库得到，根据岗位给出相应的可衡量的指标对一线员工进行考核，这些指标是与岗位高度关联的。对于非一线员工，比如，研发部门、管理部门等，则是采用自下而上的指标设置方式。

在这种方式下，绩效考核指标体系的设置是由员工提出的，即在每年年初企业都会让这些员工提供绩效考核表，通过协商与员工签订绩效合约，从而得到绩效考核指标。

（二）绩效考核方法的综合性与适应性不断提升

制造业企业在进行绩效考核时，不再采用单一方法，而是采用多种方法，并强调了考核的适应性。在综合性特征上，许多制造业企业会综合运用绩效合约、关键绩效指标（key performance indicators，KPI）、目标和关键成果（objectives and key results，OKR）等方法进行绩效考核。首先，绩效合约是由员工根据工作岗位职责提出的，是企业设置绩效指标的重要参考；其次，企业会通过 KPI 加上重点工作的结构，调整绩效考核的重要指标；最后，OKR 更多的是针对一些关键岗位和核心岗位，这种考核方法的相关性没有绩效合约强，更像是目标管理的一种工具。三种方法综合运用，能提升绩效指标的科学性。

在适应性上，部分先进的制造业企业引入了画像考核与双月评估等更多灵活的方法，补充提升员工绩效考核效果。比如，画像考核可用于企业同职级、同类型的部门和岗位的横向对比，将同一集团下属多个子企业的同一个部门进行画像评比和打分，每个月通过画像考核排名，以此监督和鼓励提高部门绩效。再比如，双月评估，主要针对新引进的高级别人才，在初入职的一年之内，每两个月都会给予其一个目标，视目标完成情况决定其去留。

（三）增加了关于智能制造与低碳制造方面的人员考核指标

为了对接国家制造强国建设的要求，许多制造业企业开始进行数智化转型，这就对企业的绩效考核提出了新的要求，增加了关于智能制造与低碳制造方面的考核。相应地，对组织的考核进一步分解为对各部门的考核指标，再继续分解为对岗位上各级人员的考核指标。因此，就需要设计与组织层面的智能制造和低碳制造相适应的各级各类工作人员的考核指标。

第二节　制造业企业绩效考核主体

企业在实施绩效考核工作时，需要明确绩效考核主体，即由谁来管理与执行绩效考核工作。一般而言，包括绩效考核委员会、部门管理者、直线部门负责人等角色。绩效考核主体，如图 6 - 1 所示。

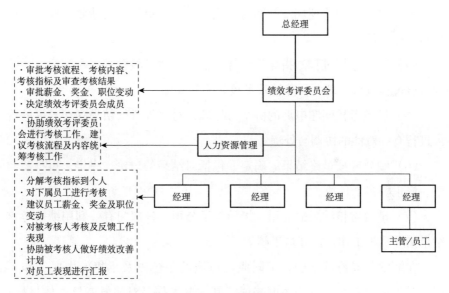

图 6 - 1　绩效考核主体

资料来源：笔者收集整理绘制而得。

一、绩效考核委员会

绩效考核委员会是为了顺利考核公司员工绩效、公司部门绩效而设立的，通过对企业成员进行绩效考核，可以推进企业目标的实现。为了保障绩效考核过程与结果的公正性、公平性与公开性，绩效考核委员会的人员构成情况较为全面，既包括企业领导层、子公司管理人员、部门管理人员等，还包括外部聘请的领域内专家等，也会选取部分员工代表作为绩效考评委员会成员。有些企业还会注重绩效考核委员会人员的年龄结构、学历结构、岗位结构等，以确保考核主体的人员配置最优化。绩效考核委员会的主席一般由企业总裁等最高管理者担任，绩效考核委员会的工作较多，主要包括以下七个方面。

（1）绩效考核指标的商议与审定工作。

（2）年度绩效考核指标审批与下达工作，针对子公司与各部门分别设置不同的绩效考核指标。

（3）绩效考核管理规章制度的讨论、修改与审批，为绩效考核工作提供指导性文件。

（4）绩效考核过程的指导与监督，根据绩效考核管理规章制度，对绩效考核过程进行管理，保障绩效考核的顺利实施。

（5）绩效考核问题申诉的协调与处理，对绩效考核结果存在异议的现象进行有针对性的协调与处理。

（6）绩效考核最终结果的确定，包括对结果的讨论、决定、审批、调整、修正等多个环节。

（7）绩效考核结果的运用，指导各子公司、各部门有效利用绩效考核结果指导员工工作，提高员工绩效。

在绩效考核委员会中，不同成员扮演的角色以及承担的主要工作不同。对于绩效考核委员会主席来说，其主要工作是对绩效考核总体目标、总体要求的整体性进行把握，绩效考核委员会主席是最了解企业战略目标的管理者，有必要保障绩效考核目标围绕企业目标进行，不可偏离方向。对于子公司与各部门的管理者来说，他们的主要目标是明确子公司与部门的年度目标，在公司整体目标的基础上，把握各子公司与部门相应的考核指标。对于外部聘请的领域内专家而言，他们主要关注绩效考核制度的设计问题，作为独立第三方主体对制度文件提出意见，以保障制度的公平性、客观性等。值得说明的是，一般而言，绩效考核工作由人力资源部主导执行，在明确绩效考核指标与绩效考核制度之后，该部门需要扮演执行者的角色对员工进行绩效考核，同时，需要负责对绩效考核过程与绩效考核结果做出相应的解释。这与顾问或咨询师的角色较为相近，人力资源部扮演着教练的角色而非球员的角色。绩效考核工作中，人力资源部的工作包括以下六点。

（1）组织协调工作。绩效考核工作是每一位员工都非常关心的工作，每一次绩效方案的审核过程都众口难调，会出现很多不同的声音，造成员工之间、部门之间的对立甚至冲突。此时，人力资源部需要充当协调者、沟通者，最大限度地保障绩效考核工作的有序推进，构建一个理解性、包容度较高的考核环境是非常重要的。除对内工作外，还包括对外沟通与协调工作，比如，需要和聘请的外部专家进行很好的衔接，确保双方信息通畅、交流顺畅。

（2）评估工作。如何制定绩效考核指标体系、如何修订绩效考核管理制度等，这些问题都需要充分调研，用事实与数据说话，才能够切实得到员工的理解与认同，否则，这些改变可能是不必要的。因此，人力资源部的第二大工作是对企业进行全方位评估，为绩效考核改革或改进提供参考依据。例如，需要对企业所处的内外部环境、所处的发展阶段与行业地位、企业内部资源与管理能力、企业的文化与价值观、企业现有的绩效考核制度与体系等问题进行深度调研。只有如此，重新改进或设计的绩效考核方案才有价值，才能更深入地贴合企业实际，做到有的放矢。

（3）宣传与制定。为了保障绩效考核过程的顺利进行，人力资源部需要做到的是让绩效考核的内容、过程、制度等深入人心，使员工充分理解与认同公司绩效考核工作，正确认识绩效考核的作用，改变员工对于"考"的害怕与抵触，打开员工心结，由内至外地自觉遵守与执行绩效考核方案。同时，人力资源部还需要协助外部专家协商制定绩效考核的制度与体系，帮助他们更加充分地理解公司的目标与需求，从而科学地分解企业战略目标，形成子公司、各部门的关键绩效指标，为绩效考核工作奠定基础。

（4）考核前的培训工作。培训是人力资源部的又一工作，绩效考核不是一项简单的工作，考核人员必须对绩效考核有一定理解，否则，可能会导致绩效考核结果无效。因此，人力资源部需组织专门的绩效考核培训以保障考核的顺利进行，培训内容主要包括：对绩效考核工具的使用，考核主体需要掌握考核的主要方法以及相应的评估工作，以便在考核过程中对员工进行讲解与解释；对绩效成绩的确定，考核主体需要对不同等级绩效水平的表现有准确认识，才能准确地界定绩效考核结果；对绩效指标的设置，绩效指标是考核的重要工具，包括描述性的指标与定量性的指标，考核主体需要对指标的含义与考核目的有充分认识，才能准确捕捉员工的绩效考核结果；对绩效考核方法的选择，在确定指标后，一个工作是明确绩效考核的方法，不同方法的优缺点不同，考核主体需要根据不同的考核对象选择不同的评估方法，这要求考核主体对多种绩效考核方法有一定理解，了解方法的原理以及运用过程。

（5）日常管理工作。这是人力资源部需要进行的经常性工作，以此保障绩效考核工作的开展。主要包括：在绩效考核过程中，该部门需要对全过程进行监督与检查，指出绩效考核过程中未按照绩效考核管理制度执行的行为，帮助其纠正；在绩效考核中，要收集不同员工对绩效考核过程中存在的问题、建议的反馈，以及绩效面谈时员工反馈的信息等，将这些资料进行整理归档，针对建议对原有的绩效考核方案进行修正；对员工的绩效考核结果进行整理，形成员工绩效考核档案记录，这将成为之后员工进行薪金调整、岗位调整、职位晋升、奖励惩罚、员工培训的重要依据。此外，还需要根据绩效考核委员会针对绩效考核结果的申诉问题的处理进行反馈并具体执行、协调工作。

（6）后续工作。将绩效考核结果有针对性地对员工进行反馈与面谈是重要的一环，体现了对绩效考核结果的运用，这要求绩效考核主体对绩效考核对象的绩效考核结果有一定理解，并能选择恰当的方式向员工反馈绩效考核结果。在每一轮绩效考核实施之后，需要对本次绩效考核工作中存在的问题进行总结，并提出有针对性的改进建议，以便持续改进绩效考核方案，使绩效考核发挥应有的作用。

二、各子公司和各部门的绩效考核职责

各子公司、各部门是实施绩效考核方案的主阵地，也是绩效考核工作开展的主战场，因此，各子公司与各部门都应履行绩效考核的具体职责，主要包括以下五点。

（1）制定各子公司、各部门的绩效考核目标。在绩效考核委员会制定了公司的总体战略目标与绩效考核方向后，各子公司、各部门需要根据各自实际发展情况，制定各子公司、各部门的发展目标，从目标中分解出具体的绩效考核目标，并上报绩效考核委员会审议通过。

（2）制定各子公司、各部门的绩效考核标准。在明确各子公司与各部门的绩效考核目标之后，需要进一步明确各子公司与各部门内部员工的绩效考核标准，协助人力资源部设计有针对性的绩效考核指标，为绩效考核工作明确关键的考核维度。

（3）保障绩效考核方案的执行。在制定了绩效考核标准与绩效考核方法后，各子公司与各部门需要积极配合绩效考核工作的开展，并保障能够按照制定的绩效考核管理制度与绩效考核方案执行。

（4）对员工绩效进行评价。各子公司与各部门需要完成对本公司与本部门的绩效考核评价工作，即需要对员工进行评分，给出员工绩效考核的具体结果并上报总公司，总公司会负责对子公司与部门的绩效考核评分。

（5）持续改进各子公司、各部门的绩效考核方案。在绩效考核工作完成之后，需要根据绩效考核过程中存在的问题进行总结，并对绩效考核方案提出相应的改进建议，持续改进绩效考核工作。

三、直线经理的绩效考核职责

直线经理，即各层管理者，代表绩效考核工作的具体实施者，有承上启下的桥梁作用。对上，管理者需要充分理解公司的绩效考核方案，对公司的整体绩效考核负责；对下，管理者直接对接员工，需要对每位员工进行最直接的绩效考核评分，因此，对员工负有帮助其提升绩效的重要工作

职责。作为直线经理的管理者们，在绩效考核过程中需要承担多种角色，具体包括以下五种角色。

1. 利益协调者

利益协调者是管理者扮演的一个重要角色，从本质上反映了管理者与员工之间的关系。事实上，管理者与员工是利益共同体。管理者的绩效如何体现，更多地取决于他如何管理员工，员工是否按要求完成工作成为管理者的绩效表现。因此，员工的工作表现，直接影响员工的绩效水平，并进一步反映管理者的绩效水平。管理者要做的第一项工作是，要让员工理解管理者与员工真正的业务管理关系，与员工进行有效沟通，包括对工作内容、工作责任、工作目标等的理解。只有在管理者与员工充分理解他们之间的相互关系后，才能根据企业的年度经营目标设置员工的工作职责，设计岗位说明书，这意味着，明确了绩效考核的具体方向。因此，作为管理者，对员工绩效负责，也是对自身绩效负责。一般而言，管理者需要与员工在以下六个方面达成一致。

- 员工的工作内容是什么
- 员工的工作需要做到什么水平
- 员工开展各项工作的原因
- 员工完成工作需要的时间
- 员工完成这些工作需要具备什么素质
- 管理者会提供哪些支持

2. 教练

在绩效考核过程中，管理者还需要承担教练的角色，不断地培养、培训员工，帮助其不断进步，达到并超越绩效考核目标。首先，作为教练，需要给每位员工制定合理的绩效目标，这个目标需要满足 SMART 原则（S 具体明确，M 可量化的，A 可实现的，R 现实性的，T 有时限的），因此，既要具有挑战性，督促员工提高能力、改进技术，也要能够实现，否则，员工将失去工作动力。比如，在制造业企业中，生产制造部门的经理往往会根据员工历年的平均产能设置目标，同时，对于能力强的员工设置阶段性绩效目标，例如，产量超过一定数值后，给予一次性奖励；再比如，有些制造业企业研发部门还会设置团队绩效目标，通过员工之间的相互激励，促使员工达到团队绩效目标，并给予团队绩效奖励（易思源等，2022）。其次，在设置绩效目标后，并不意味着放任不管，管理者需要对员工进行绩效辅导工作，即帮助员工更自觉地履行工作职责，虽然这对管理者很有挑战，但却是必要的，这可以帮助员工形成真正的内驱力，养成一种认真履职的习惯与素养。具体而言，管理者可以从以下五个方面对员工进行绩效辅导。

第一，管理者需要明确指出员工的问题，不隐瞒，做到开诚布公。

第二，管理者需要使员工认可指出的问题，通过具体事件的列举，提高员工对问题的认可度。

第三，管理者与员工共同讨论如何解决存在的问题，使解决方案的意见能够达成一致，可以最有效地解决问题并提高绩效。

第四，管理者要对员工的工作过程与改进过程进行监督与检查，以保障员工按照商量的方案执行，促使绩效结果得以改进。

第五，管理者要给予员工及时的肯定与反馈，对好的做法及时表扬，对不好的做法及时纠正。

作为教练，管理者还需要及时了解员工的工作进展、面临的工作问题，通过共同讨论、培训、反馈等方式对员工工作提供帮助。通过循环过程，真正为员工改进绩效提供帮助与指导。同时，在绩效考核管理过程中，管理者作为教练，也需要有区别地对员工进行训练，并非所有员工都适用于一种做法。

3. 资料收集者

绩效考核最不希望发生的场景是员工对绩效考核结果存在异议，与管理者发生争吵、冲突。最好的结果也是最应该的结果是员工与管理者对绩效考核结果一致认同，但往往不遂人愿。在制造业企业中，一线员工数量庞大，经常会有员工对绩效考核后的薪酬水平提出异议，造成劳动关系紧张，处理不好甚至出现罢工的情况，这在很多大型汽车制造企业中较为常见。因此，为了避免不必要的冲突，促使管理者与员工对绩效考核结果的认同，管理者在平时工作中还需要承担资料收集者的角色。

资料收集者，即需要管理者实时收集员工在日常工作中的表现，并将这些资料形成文档，予以保存。这些资料既包括员工好的表现也包括不好的表现，有时，可以通过过程中的沟通，让员工做到心中有数。在员工对绩效考核结果提出质疑时，可以根据文档资料的内容与员工进行沟通，做到有理有据，在更大程度上说服员工，指出问题，帮助其改进。同时，需要注意收集的资料一定要客观，应该是通过观察得到而非道听途说的资料，否则，将起到反作用。

4. 公证员

公正、公平、公开是绩效考核需要遵循的基本原则，因此，要求管理者承担公证员的角色，以保证绩效考核过程与绩效考核结果的客观与公平。在此过程中，管理者需要将自身当作第三方，站在第三方视角评估员工绩效，能够更加客观、公平地保障绩效考核结果。

5. 诊断专家

管理者也是绩效考核方案与绩效考核制度的诊断者，需要用发展的眼光看待绩效考核体系，不仅要关注企业内部更要关注企业外部的发展与变革，比如，国家、社会、行业的变化，设计具有竞争力的绩效考核方案。例如，在制造业行业中，智能制造的大趋势变化也会促使绩效考核方案的变化，此时，管理者应该站在制造业发展趋势与未来竞争点的基础上审视公司的绩效考核方案，提出更贴近现实、更有价值的绩效考核方案，将修改后的绩效考核方案提交绩效考核委员会并最终审议决定。

第三节　制造业企业绩效考核的指标与方法

制造业企业的员工主要包括一线工人、管理人员、研发人员等，其中，一线工人的人数可占到总人数的一半以上。针对不同类型的员工，制造业企业的绩效考核指标与绩效考核方法不同，本节将介绍制造业企业几类典型的员工绩效考核指标与绩效考核方法。

一、一线工人绩效考核指标与绩效考核方法

传统的制造业企业是典型的劳动密集型企业，在自动化水平不足的情况下，每年都需要雇用大量一线工人进行生产，对于这些员工制造业企业也需要设置合适的考核方式激励与约束员工努力工作。

对于大多数制造业企业的一线工人而言，其工资主要包括基本工资与计件工资两部分。基本工资是企业按照《中华人民共和国劳动法》的根本要求、同行业的工资水平以及企业的经营业绩划定，这部分工资可以保障一线工人的基本生活。计件工资是企业根据一线工人表现设置的绩效考核部分而发的工资，这部分工资主要用于考核一线工人在工作期间的工作量。生产多少产品则计件多少，以此计算员工工作量。因此，在制造业企业中高工资的一线工人意味着需要更加努力地工作，这主要体现在一线工人会通过大量加班来获得高绩效。

一线工人是制造业企业产品生产的主力，企业当然不会只通过计件来考核一线工人。通过调查制造业企业发现，对一线工人企业会设置不同的维度来考核，这也会影响一线工人的绩效水平。制造业企业会从效率值、产品质量、安全、行为四个维度综合评估一线工人的工作绩效，例如，A 机械装备制造企业的一线工人绩效考核指标和绩效考核权重，如表 6-1 所示。

表 6-1　A 机械装备制造企业的一线工人绩效考核指标和绩效考核权重　　单位:%

指标	效率值	产品质量	安全	行为
权重	35	35	15	15

资料来源：笔者收集整理而得。

效率值代表了工人工作效率，比如，设置一个固定时间段需要完成多少工作量，以此实现对计件绩效的补充。这个指标可以保障一线工人高效率地完成工作，这是企业较看重的方面，因此，会对该方面设置较高的权

重予以考核。

产品质量是制造业企业的命脉，而一线工人的工作状态会直接影响产品质量。因此，为了防范人为的产品质量问题，会对一线工人设置的产品质量相关指标进行考核，例如，生产产品的合格率、工作质量的产品返修率和漏验率等，都可能作为考核一线工人产品质量的相关指标。

安全是制造业企业的第一要务，企业会在工厂内张贴关于安全生产的宣传语并反复强调安全的重要性，因此，为了保障一线工人的安全以及生产过程中的安全，企业会设置安全维度指标。安全维度指标主要体现在：一是"以人为本"，这是生产管理过程中必须秉持的第一原则。安全是生产的底线，需要以高水平的安全来保障高质量的生产。因此，作为企业经营者需要全面、系统地针对企业运营过程，整体判断生产制造过程中可能存在的隐患，评估风险与危害，并做到以预警预防为主，设置相应的应急管理措施。二是坚持以"谁主管、谁负责"的理念进行安全生产管理，这意味着各部门的"一把手"应该是安全生产的直接负责人，对制造业安全生产负有直接责任。三是坚持贯彻落实"管生产必须管安全"的运营方针，这表明，在制造企业生产过程中所有参与生产的管理者与员工对安全生产均负有责任，需要统一协调、高度重视，安全与生产同时抓，不可分割，更不能只关注生产而忽视安全。

行为是制造业企业考核一线工人的又一重要维度，企业会对一线工人在工作过程中的行为进行考核。部分制造业企业会设置一个行为指标库，企业会根据希望一线工人达到的行为规范来设置行为指标，同时，在设置指标时还会考虑一线工人的岗位特征，根据企业文化与岗位特征选择 10 ~ 15 个行为指标进行考核。

在效率值、产品质量、安全、行为四个维度指标中，制造业企业对指标设置不同的权重，其中，对效率值、产品质量指标赋予的权重更高，对安全与行为指标赋予的权重则较低。当然，这也取决于不同制造业企业的特点。通过综合考虑这四个维度指标，一线工人的绩效水平可以计算，一般制造业企业会将一线工人绩效水平分为多个等级。比如，可以分为 A、

B、C、D、E 五个等级，制造业企业将对一线工人进行比较排序，分别赋予不同等级，制造业企业可以根据等级调整一线工人的绩效薪酬。例如，一线工人计件薪酬为 1 000 元，如果一线工人的绩效水平为 A 等级，那么，会给予一线工人 1.2 倍的绩效系数，因此，企业支付 1 200 元绩效工资，反之，如果绩效水平为 C 等级，则给予一线工人 0.8 倍的绩效系数，因此，企业支付 800 元绩效工资。一线工人通常一个月考核一次。

二、管理人员绩效考核指标与绩效考核方法

除了一线工人外，制造业企业的另一类员工为管理人员。管理人员一般可以分为基层管理人员、中层管理人员与高层管理人员。对于管理者的绩效考核更为规范，多采用目标管理法（management by objectives，MBO）与关键绩效指标法（key performance indicator，KPI）综合考核绩效，而对于中高层管理人员，企业会采用 360 度考核方法进行绩效考核。管理人员的绩效考核方法，如表 6－2 所示。中层及以下管理人员一般一个季度考核一次，而高层管理人员一般半年或一年考核一次。接下来，本章分别介绍 MBO、KPI、360 度三种方法。

表 6－2　　　　　　　　　管理人员的绩效考核方法

评估项目	性质	资料来源/评分人	方法	用途
工作绩效	多为客观的数据指标	人力资源部 相关部门 分管经理 360 度考核	MBO KPI	反映实际工作表现 直接与绩效工资、年终奖、职位等挂钩
综合素质	主观软指标	领导 同事 下属	360 度考核	辅助性资讯 升/降职时作为参考
满意度	主观软指标	其他部门	360 度考核 问卷调查	辅助性资讯 升/降职时作为参考

资料来源：笔者收集整理而得。

1. 目标管理法（MBO）

目标设置理论是目标管理法的基础性理论，也奠定了目标管理法的基础。从 20 世纪 30 年代起，关于"目标"的研究被心理学家广泛关注，成

为企业员工管理的又一有效方式并诞生了目标设置理论。该理论主张，通过设置目标来提高员工的工作绩效，并比较了不同的目标对员工绩效的影响。一是明确具体的目标比不明确具体的目标更能提高员工绩效；二是困难但能实现的目标比容易的目标更能提高员工绩效；三是有反馈的目标比无反馈的目标更能提高员工绩效。接下来，一个重要的问题是，如何设置具有提高员工绩效的目标，由此产生了 SMART 原则，即绩效指标必须是具体的（Specific）；绩效指标必须是可以衡量的（Measurable）；绩效指标必须是可以达到的（Attainable）；绩效指标要与其他目标具有一定的相关性（Relevant）；绩效指标必须具有明确的截止期限（Time-bound）（彼得·德鲁克，2022）。在制造业企业内，企业会根据企业整体目标设置部门目标，即部门管理人员的目标，而后，企业根据部门目标将目标分解到每个部门管理人员与员工，完成企业目标的层层分解，分解的目标即企业管理人员绩效考核的重要指标。

目标管理法的实施，主要包括以下四个具体流程。

一是制定目标，这个目标包括组织目标与部门目标，并据此得到每个员工的目标。事实上，体现了组织—部门—员工的目标分解过程，在目标确定后，得到了绩效考核的标准。在实践中，制造业企业会根据平衡计分卡的四个维度，即财务、客户、内部运营、学习与成长（Kaplan and Norton，2009），以此来分解目标。

二是讨论目标并界定预期成果。在此过程中，主要是通过部门目标的讨论对管理人员及其员工设置具体的工作目标。工作目标不仅包括短期工作目标，而且，包括长期工作目标，部门需要准确表述具体的预期成果，以使每位员工知悉。

三是绩效审核与绩效反馈的过程。在绩效审核阶段，公司会对部门管理人员的绩效对照预期成果进行比较，明确目标完成情况，设置不同等级，包括超额完成、基本完成和未完成，并对完成情况进行审核。对于超额完成的工作，需要思考为何能够超额完成，在什么样的企业内外部条件下能够实现，为重复出现超额完成的情况提供环境支持。对于基本完成的工作，需要继续激励员工保持现有的工作态度与工作能力，同时，思考能够提高激励效果的措施，争取超额完成工作。对于未完成的工作，则需要重点分析，探明未完成的主客观原因，及时防范，提高工作目标的完成度。

四是反馈。对于反馈，更多的是将这个周期的绩效考核结果反馈给部门管理人员与员工，使其充分了解绩效考核结果，并带领、帮助部门管理人员思考如何更好地提高工作绩效。同时，根据反馈结果，对这一周期的绩效考核方案等进行相应调整。例如，是否提高超额完成工作的员工的目标难度，是否降低未完成工作的员工的目标难度等。此外，需要综合考虑企业内外部环境，明确超额完成、基本完成与未完成的原因，是否存在偶然现象，是否有妨碍目标实现的因素等，针对这些原因给予有针对性的绩效考核改进措施，以便能够更加科学、准确地实施绩效考核。

2. KPI 法

尽管目标管理法可以为绩效考核指标设置提供方向，但难以面面俱到，因此，企业需要设置关键指标进行考核，一般采用 KPI 法进行考核。KPI 法的目的是，通过提取对组织战略目标影响最为关键的因素，将其分解确立为部门绩效考核指标与员工绩效考核指标的过程，以此在关键绩效指标实现的同时确保企业战略目标的实现。KPI 法的计划思路及关注的问题，见图 6 - 2。

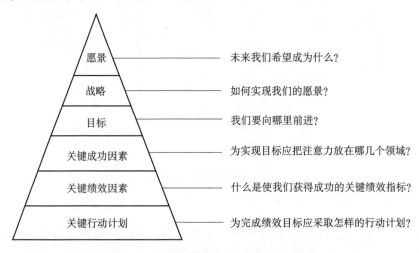

图 6 - 2　KPI 法的计划思路及关注的问题

资料来源：王怀明. 绩效管理：理论、体系与流程［M］. 北京：北京大学出版社，2022.

构建管理人员考核的 KPI 体系，一般包括以下两个步骤。

第一，总体性指标分解。首先，建立企业级 KPI，企业级 KPI 建立在企业战略目标的基础上，根据企业战略目标利用头脑风暴、专家讨论等多种方法找准企业的关键业务点，将其转化为各关键业务点的相应指标，由此得到企业级 KPI；其次，运用头脑风暴法找出关键业务领域的关键业绩指标（KPI），即企业级 KPI；最后，确定部门级 KPI，根据企业级 KPI 且考虑部门的主要职责，以及在技术、人员、资源等多维度上的工作性质制定部门 KPI。

第二，个别性指标分解。根据部门 KPI 将其分解到各个岗位，形成各个岗位的 KPI，由此形成部门管理人员与员工的绩效考核指标。主要包括以下六个步骤。关键绩效考核指标过程，如图 6 - 3 所示。

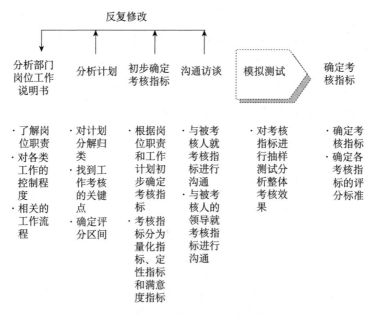

图 6 - 3 关键绩效考核指标过程

资料来源：笔者收集整理绘制而得。

（1）分析部门岗位工作说明书。主要包括：了解以岗位为分析对象的工作职责，员工在岗位上的各种工作管理情况以及如何开展工作的流程等。

（2）分析计划。主要包括明确工作的整改过程，包括重要工作及其考核点，明确考核的关键及区分区间等。

（3）初步确定考核指标。主要包括在明确岗位职责与相关工作计划后，将初步确定企业进行考核的指标及评分区间等，包括定性指标等。

（4）沟通访谈。主要包括与被考核人就考核指标沟通、与被考核人领导就考核指标沟通等。

（5）模拟测试。主要包括针对考核指标随机抽取部分样本进行测试，由此判断整体考核的初步效果。

（6）确定考核指标。主要包括确定考核指标、确定各考核指标的评分标准等。例如，通过 KPI 法，得到某制造业企业人力资源部门经理的关键绩效考核。人力资源部门经理的关键绩效考核，见表 6－3。

表 6－3　　　　　　　　**人力资源部门经理的关键绩效考核**

部门经理月度业绩考核

部门：人力资源部　　　　　　姓名：　　　　　　考核时间段：

考核指标	考核等级				权重
	优	良	中	差	
	91～100 分	76～90 分	61～75 分	60 分以下	
工作计划性、目标性	有明确的月度工作计划。有很好的计划监控手段，工作目标明确，并能够让每位执行者都明确并理解工作目标。目标达成率 100%	有明确的月度工作计划，有较好的计划执行监控。工作目标明确，目标被执行者普遍知晓，目标达成率在 90% 以上	有明确的月工作计划，过程有监控，工作目标明确，部分执行者知晓目标，目标达成率在 80% 以上	有明确的月工作计划，过程控制不力，有月度工作目标，但仅被少数人知晓，目标达成率在 80% 以下	
部门建设改进状况	有月度改进计划，改进过程监控得力，改进手段好，改进效果或潜在效果佳	有月度改进计划，改进过程监控得力，改进手段较好。改进效果或潜在效果较好	有月度改进计划，改进过程有监控，改进手段有效，有改进效果或潜在效果	无明确的月度改进计划，部门进步慢	

续表

考核指标	考核等级				权重
	优	良	中	差	
	91～100分	76～90分	61～75分	60分以下	
招聘工作	及时准确、关键岗位2周	较及时准确、关键岗位3周	基本及时准确、关键岗位4周	不及时准确、关键岗位5周以上	
培训工作	及时准确、效果明显	较及时准确、效果良好	基本及时准确、效果一般	不及时准确、效果差	
绩效考核	推行、实施、管理完成质量高	推行、实施、管理完成质量较好	推行、实施、管理完成质量一般	推行、实施、管理完成质量不高	
加班控制	完善、落实、实施、检查、效果显著	完善、落实、实施、检查、效果较好	完善、落实、实施、检查、效果一般	完善、落实、实施、检查、效果不好	

资料来源：笔者收集整理而得。

再如，B制造业企业物资部门关键绩效指标，见表6-4。

表6-4　　　　　　B制造业企业物资部门关键绩效指标

KPI	考核目的	绩效标准
进场物资数量检验的准确性	保证进场物资能全部准确移交	数量检验出现差错率低于1%
能完备、及时地完成入库登记手续	保证账目和物资能完全对应	办理入库手续完备，出现失误次数少于3次，提供入库服务的满意度高于95%
对物资能完好地归类、保管、清点	保证物资能保管良好、归类清晰	对物资保管良好，出现损坏率低于3%，物资归类管理整齐
能完备、及时地完成出库手续和发放手续	保证物资能够及时供应，并对供应的数量、责任人做好追溯记录	办理出库手续完备，出现失误次数少于5次，提供出库服务的满意度高于95%
做好物资管理台账，保证能准确反映账和物的进、出、存情况	保证账物相符，作为成本核算的依据	保证账物能够对应，出现的差错少于5处
及时、完整地向计划财务部上报物资统计数据	为计划财务部进行成本核算提供支持	统计数据上报时间按规定不超过3天，提供的统计数据出现的差错少于3处

资料来源：笔者收集整理而得。

3. 360 度考核法

360 度考核法，是一种从多个维度考核员工的方法。包括直接上级、同事、下级、客户等多个主体，主要从任务绩效、管理绩效、周边绩效、态度和能力等方面考核员工。对于管理人员主要考核其相应的管理能力，包括影响力与号召力、正确适度授权的能力、协调能力、管理力度、运筹帷幄能力等。管理人员的 360 度考核表，见表 6-5。

表 6-5 管理人员的 360 度考核表

评分指标	评分标准				权重	打分
	优(91~100 分)	良(76~90 分)	中(61~75 分)	差(60 分以下)		
影响力与号召力	有非常强的影响力与号召力，能够对周围的人发挥极强的领袖力量	在任何时候、任何条件下，都能充分与他人协作，有很强的协调力和适应力，同时能够组织协作事务	有相当的能力，但有时无法使他人主动服从，需要借助其他手段（如行政手段）	有一定能力，但大多数情况下不能使他人服从并需要借助其他方法	15%	
正确适度授权的能力	对授权要求能够全面、清晰地理解与执行，并通过授权达到非常好的管理效果（提高积极性）	能够正确、清晰地划分权限，并能够进行适度、有效的授权与管理	基本能够清晰地划分权限并进行授权，但有授权后存在无法掌握等管理不力的现象	只能做到部分权限划分、授权和管理	5%	
协调能力	在任何时间、任何条件下都能充分与他人协作，有很强的适应能力和协调能力，同时，能够组织协调事务	能够充分地与他人协作，有较强的协调能力	在正常情况下，能充分与他人协作，但对特殊情况适应能力不够	在正常情况下，基本能与他人协作，但不具备对特殊情况的协调能力	5%	
管理力度	能紧抓所有控制项目，任何时间都能掌握全盘状况，使组织井然有序，完全杜绝发生任何过失的机会	能够掌握多数控制项目，组织运作有序，无过失发生	能掌握重要的控制项目，使下属不会出现有意或无意的过失	不能掌握多数控制项目，有意或无意的过失经常发生	5%	

续表

评分指标		评分标准				权重	打分
		优(91~100分)	良(76~90分)	中(61~75分)	差(60分以下)		
运筹帷幄能力	统筹规划能力	能够高瞻远瞩,对所辖组织的战略作出超前、正确的远景规划	具有相当的能力,制定规划基本无偏差	具有相当的能力,但有时在某些方面会有偏差	有一定能力,但存在战略规划错误的现象	10%	
	对组织的了解能力	能够对所辖组织有全面、精确、及时地掌握	能够及时、准确地了解公司的优缺点及其他情况	尚具有准确了解公司的能力,但不够全面及时	具备局部了解公司的能力,但不够准确和及时	5%	
	应变能力	具有超常的判断能力	有准确、及时的判断能力	一般情况下能有准确、及时的判断,执行较为果断	判断的准确性和及时性不够,执行时有犹豫现象	5%	

资料来源:笔者收集整理而得。

360度考核法在部分制造业企业中会用于对中高层管理人员进行考核,但不作为对中高层管理人员主要的绩效考核方式,而是作为绩效考核的参考,半年一次。比如,管理人员通过360度考核法评价的结果是优秀,可作为其他考核方法的参考,如果两者的评价结果差异过大,则需要考虑360度考核法的公正性、科学性等,因此,360度考核法可以作为其他考核方法的一种补充。360度考核法的工作量较大,需要整理更多资料,这也导致许多公司没有采用该考核方法。

一般而言,会适当简化管理人员的考核指标,主要从两个方面考核,即工作业绩与工作态度,其中,前者可能占到60%,后者可能占到40%。管理人员的工作结果与经营业绩没有直接联系,更多的是从工作以及员工的工作态度方面对其进行考核。企业也会设置与经营绩效相关的指标调整管理人员的绩效工资,也可以激励管理人员更多关心企业的发展状况。在完成管理人员评价后,仍然会有A、B、C、D、E五个绩效等级,并通过强制排序方法划分等级,其中,A、B等级是优秀,C等级是中等,D、E等级分别是不合格和特别不合格,对于D、E等级的管理人员,存在被淘汰的风险。但企业会强制有8%比例的管理人员处于D、E等级,其中,D

等级占 3%，E 等级占 5%。如果管理人员连续两次评价等级为 D、E 等级，则面临被解聘的风险。

还有一些制造业企业会采用部门画像的方式考核管理部门。画像考核是近年来应用最多的工具之一，主要是把企业集团同职级、同类型的部门和岗位进行横向对比。例如，对人力资源部门进行画像考核，此时，集团人力资源总部对集团下属若干事业部和子公司的人力资源部门采取同样的考核方式，每个月对其进行画像评比和打分，这也得益于许多公司的高数字化水平。画像考核一般会选取 7~8 项核心指标，每一个核心指标中又分为 3~4 项小指标，即共有约 30 项考核指标，这些指标构成了目标的一个整体画像，画像用不同颜色区分评级，每个月都会为同类型、同岗位的部门排名，并以此来监督、鼓励管理部门提高绩效，如果评级一直不理想就会被问责并处罚。这种方法有效地促进了大企业内部的横向竞争。

三、研发人员绩效考核的指标与方法

制造业企业员工的绩效工资一般分成两部分，一是经营绩效；二是岗位绩效。研发人员的工作主要是进行技术研发、技术支持，或提供一些现场的技术方案，因此，研发人员的工作主要需要完成规定的任务，无须过多关注经营情况，原因在于，企业经营业绩不好和研发人员关联并不大，而且，若研发人员绩效考核过多地和经营绩效相关，会影响研发人员的工作积极性，不利于原创性的技术创新，对于研发人员而言，制造业企业会对其设置不同的绩效考核方式，主要以项目考核为主。

在制造业企业考核研发部门的员工时，企业会在年初与研发人员签订绩效合约，以项目完成情况为考核指标，例如，研发人员可能有 10 个项目，考核时看这 10 个项目是否全部完成。本书认为，研发人员不仅做完项目即可，还需要重视项目的经营业绩，例如，能否实现降低成本的要求，企业可能会给研发人员设置降低成本的指标；再比如，可以设置与市场占有率相关的考核指标，例如，对研发部门的部长设置市场占有率作为绩效考核指标，原因在于市场占有率在一定程度上表明了研发的产品是否具备市场竞争力，对研发人员可以先与其约定市场占有率作为绩效考核指标，如果没达到就会被评为低绩效。

为了提高绩效考核的科学性，部分制造业企业采用了目标与关键成果法（objectives and key results，OKR）考核研发人员。接下来，简单介绍这种方法。

目标与关键成果法是一种明确目标及关键指标的程序或过程，包括两个阶段，第一阶段是根据企业的使命、愿景，通过企业内部的多轮协商与集体决策等方式，确定一定时期内企业需要实现的目标，即要回答"我们要做什么"的问题；第二阶段是根据第一阶段确定的目标，将其转化为可以表征目标的一系列关键结果指标，用以判断第一阶段确定的目标是否实现，也就成为衡量与考核绩效的相关指标，即要回答"我们如何判断目标是否实现"的问题。

在研发部门，从项目层面构建 OKR，需要考虑项目的目标，衡量项目的投资和可能得到的关键结果。这种方法有助于构建概念，为术语创造流畅的传播渠道，并有望改善项目的管理纪律，这是构建 OKR 的方法之一，但并非所有组织都适合采用这种方法。任何组织花费时间和金钱的项目都必须与组织的总体战略、愿景和使命相联系。有了这些条件，组织将更可能通过在企业层面应用 OKR 来加速计划执行。在实施 OKR 的过程中，需要有规范的流程以保证操作的规范化和标准化。其主要步骤有以下四步。

第一步，制定目标，从企业战略目标层面设置相应的年度目标和季度目标；

第二步，明确每个目标的关键结果，从季度目标到关键结果进行分解；

第三步，推进执行，从关键结果到行动计划；

第四步，定期回顾。

四、智能制造新员工绩效考核的指标与方法

随着制造强国战略的提出，越来越多的制造业企业开启了智能制造的

新篇章。制造业企业在积极地寻求数智化转型，将数字技术、智能技术运用到企业生产、产品制造、企业管理等各个环节，实现全方位的智能制造，企业产生了一些新的岗位、新的部门以支持企业的数智化转型。这种智能制造主要体现在与技术、管理相关的部门与岗位。

在技术类岗位中，部分制造业企业新增了智能制造现场技术类岗位，并为不同岗位设置了技术职位级别。智能制造现场技术类岗位，如表6－6所示。

表6－6　　　　　　　　　　　　智能制造现场技术类岗位

技术职位级别	机器人操作工程师	数控设备操作工程师	智能设备维保工程师	智能产线管理工程师
一级主管工程师	√	√	√	√
二级主管工程师	√	√	√	√
三级主管工程师	√	√	√	√
一级工程师	√	√	√	√
二级工程师	√	√	√	√

资料来源：笔者收集整理而得。

对于智能制造方面的员工，需要设置一些针对智能制造岗位特点的绩效考核指标。一些制造业企业会通过智能化降低成本指标考核这些岗位员工的绩效。例如，在部分制造业企业中，会将所有的生产设备都安装电气仪表，将设备中的所有数据上传到网络平台，数控设备操作工程师需要对这些仪表的数据进行检测，将高负荷设备与空转的设备进行有效匹配，以提高设备的利用程度，以此达到降低成本的目的。再如，钢材利用率、辅料定料的准确性和利用率，都可以用数字化工具衡量，通过数据优化来实现降低成本的目的。除了对设备利用率的考核外，还增加了对智能设备进行维保的新岗位，由于生产线变成了智能化生产线，这些生产线大量减少人力使用，这也意味着对机器的使用、依赖程度更高，如何维护智能设备成为新的岗位要求，也产生了针对这类岗位的绩效考核指标。例如，智能设备调试的次数、智能设备维修次数、智能设备运转时长等，都成为新的考核指标。当然，智能制造企业正在做的另一个工作，是逐步将企业的生产线进行智能化改造。在改造期间和改造后期的智能生产线运营过程，智能生产线管理工程师都是非常必要的。对这类岗位的员工，也需要设置相应的关键绩效指标进行考核。

除了可以看到的生产制造车间、工厂的智能化改造外，事实上，制造业企业的其他管理部门，如人力资源部、财务部等都在进行相应的数智化转型，为了匹配企业的数智化转型整体战略，这些部门也设有一些新的指标考核员工。例如，对人力资源部，需要遵循人力资源数字化方面的建设，相较于传统的人事业务，大量数字化技术的使用能够极大地减少部门参与基础业务的人员数量，同时极大地提升工作效率，这种工作效率的提升也需要通过绩效指标加以衡量。例如，人力资源部的一个关键工作，即能否共享公司的人力资源系统，能否引进或开发新的软件、数字化系统来帮助企业对人员进行管理。简单的员工考勤，能否应用智能化都可以成为一个重要的考核指标。对于人员招聘、培训等的数字化工作也在开展中，利用数字画像、AI面试等数字化手段能否提高人力资源管理效率也成为考核指标之一。人力资源部还需要帮助其他业务部门，例如，帮助其他业务部门建立能效分析，即根据每台设备的产量匹配人员的人数规模，都是由人力资源部门负责的。这些做法能够积极推动工艺和制造的优化，尽可能得到人员投入和人员产出的最优比，并督促制造部门严格执行。如果执行不力，将触发报警机制并且需要提供说明。这样，人力资源管理相当于对数字化项目的业务进行赋能，而这些工作中都会体现出数字化的绩效指标。

第四节　制造业企业绩效考核过程的控制

绩效考核过程包括：观察、记录、储存、回顾、考核、沟通六个工作阶段，绩效考核过程实际上是一个收集信息、整合信息、做出判断并给予反馈的过程（林筠，2009）。在绩效考核过程中，通过对被考核者日常行为的观察，将被考核者日常行为观察的结果和结果绩效予以及时记录，并妥善地将记录结果以纸质、磁盘等方式储存；在考核时，回顾被考核者结果绩效和行为绩效，并与事先制定好的绩效标准进行对比进行考核，最后，反馈被考核者的考核结果。在此过程中，最值得关注的是绩效考核的沟通，沟通过程贯穿于绩效考核全程。

在建立绩效目标之后，为了充分衡量员工对任务的工作态度以及对完成情况进行评估和核查，必须定期进行绩效考核。在此过程中，沟通是必不可少的。企业的管理人员只有与员工进行全面、有效的沟通，充分听取员工的意见和建议，才能制定真正有效、符合企业发展现状的绩效考核制度。

绩效考核制度需要有较高透明度，达到真正的公正、全面、科学，必须要取得企业上下级的一致同意，此外，还需要保证绩效考核制度的准确性。这些要求的实施，离不开企业上下级之间公开、透明的交流和沟通，杜绝暗箱操作。绩效考核对员工、企业发展都有正面的意义，其能够使员工了解所在岗位的工作内容、工作价值及工作目标，激发员工潜能，实现员工价值，也能够支撑企业战略目标的实现，促进企业成长。而有效的绩效考核不仅取决于高度的专业性，而且需要高效的双向沟通。

1. 与员工的沟通

在最终考核制度确定前，要充分保证员工参与的有效性，不能只做表面功夫，而应该将员工真正的需求、建议和意见考虑到考核制度中。高层管理人员在进行绩效考核之前，应让员工充分理解和参与绩效考核，绩效考核前的动员十分重要。首先，要向员工积极宣传绩效考核的目的主要是进行自我考核，让员工发现彼此之间的能力差距，弥补不足，更好地激发员工的工作潜能；其次，要保证绩效考核制度的合理性和可接受性，与员工进行充分沟通、交流，让员工对绩效考核的标准和规则有更深入的理解；再次，保证员工在进行绩效考核过程中有申诉的权利，这能使员工更好地参与绩效考核工作；最后，管理人员要广泛宣传绩效考核的重要性，这能对员工在考核之前进行的工作起到监督、激励的作用。

2. 与管理人员的沟通

在绩效考核前与管理人员的沟通是至关重要的。在进行绩效考核之前，必须对管理人员进行专业培训，考核制度要求考核人员根据企业目标制定绩效考核方案，绩效考核的结果会影响公司未来的决策，因此，其具有比较高的专业要求。首先，必须让管理人员认识到绩效考核的重要性并引起高度重视，理解绩效考核对公司未来发展的重要意义；其次，对管理人员的专业水平提出要求，根据绩效考核原则，对必须遵守的基本原则和基本原理进行论证，确保其可行性。咨询专业人员将所确定的绩效考核标准上交至高层管理人员、权威的专家和学者进行审核和批准，得到专业指导后进行修改、补充和完善；最后，在绩效考核结束后，要根据考核结果进行修订，以便在下一次考核中能有更理想、可行的考核标准。

3. 绩效考核的申诉

绩效考核的申诉是保证绩效考核公平的必要机制。尽管在绩效考核过程中，保证了管理环境和考核环境的透明性，但不能杜绝不公平现象的发生，考核申诉是必要的。在实际执行过程中，如果员工认为绩效考核结果与工作表现的差异较大，则可以进行申诉。因此，企业需要设立正式的绩效考核申诉制度，让员工可以针对考核结果提出想法，使之成为绩效考核的一环，也会使员工能够积极地配合绩效考核工作。

一套完善的绩效考核申诉制度，一方面，可以更正规地纠正考核中出现的误差，以防此类误差继续影响其他决策，产生更不公正的后果；另一方面，也可以让员工充分感受到考核的公平，让他们了解到自己可以有更正确、更有效的途径保证自身权益。这样的氛围能够使绩效考核的工作人员更加公正地进行评价，并且与其领导进行有效、积极的沟通，便可形成一种有效循环，更有利于实现企业目标。

一般情况下，企业收到员工申诉后会先申诉到人力资源部，由人力资源部进行协商，并给予有效的沟通协调方案，对出现误差和不公正的地方进行及时纠错和处理并追究相关人员的责任，如果申诉人的问题得不到有效解决，则可申诉到更高层的管理人员。人力资源部在接收到员工的绩效申诉时，应针对申述内容即刻展开调查，管理人员必须高度重视员工的申诉行为，分析原因并找出切实可行的解决方案。

在申诉问题得到确认后，人力资源部的工作人员需要针对相应的问题，找到相应的申诉人，与其进行有效沟通。要注意的是，在沟通过程中工作人员应保持中立态度，不能代入个人情感或者情绪进行评价，告知申诉人问题的根本所在及解决方案，或者是就申诉员工后续需要配合的工作，积极与申诉员工进行沟通。

4. 绩效反馈沟通

绩效反馈沟通是绩效考核工作的最后一个环节，反馈效果直接关系到绩效目标能否实现，因此，进行有效反馈是极重要的。绩效反馈沟通并非是领导或者人力资源管理人员对被考核者关于绩效单方面的通知，而是双方对被考核者在一段时间内的工作进行的面对面讨论，在对被考核者进行工作成绩肯定的同时，共同找出被考核者工作中的不足，并且设法加以改进的过程。

绩效反馈沟通包括五部分：

（1）告知被考核者考核结果；

（2）对被考核者的绩效考核结果给出标准；

（3）对被考核者给予奖惩，并就需要改进部分与被考核者共同讨论，以期得出改进方法；

（4）落实奖惩部分，并将结果告知被考核者；

（5）公布公司或者组织下一阶段的考核目标和考核要求，并且结合被考核者的建议进行适度修改。

🛡 思考题

1. 制造业企业绩效考核的特点。

2. 制造业企业的特点对绩效考核的影响或客观要求。

⚙ 小测验

1. 绩效可以分为_____与_____。

2. 组织绩效是指，某一时期内组织任务完成的_____、_____、_____等状况。

3. 员工绩效是员工在某一时期_____、_____、_____的综合。

4. 绩效考核目标要满足 SMART 原则：即绩效指标必须是_____、_____、_____、_____、_____。

5. 目标与关键成果法（OKR）是一种明确_____及_____的程序或过程。

第七章　制造业企业薪酬设计

课程思政

1. 价值塑造

- 运用马克思主义的基本立场、观点和方法正确认识薪酬管理，树立对企业市场化改革的正确看法
- 增强对社会主义制度和国家薪酬制度的认同感
- 培育实现企业内外两个公平的薪酬设计理念

2. 知识传授

- 薪酬水平设计
- 薪酬体系设计
- 薪酬结构设计

3. 能力培养

- 通过学习企业薪酬激励机制建设的专业知识，增强对企业薪酬体系、企业薪酬激励机制建设的认识和分析能力

学习目标

- 掌握：薪酬结构概念及其设计，薪酬水平概念及其设计
- 理解：制造业的特点对企业薪酬设计的影响，薪酬三类体系及其设计
- 了解：我国近年来制造业企业薪酬水平及其对人才的影响

第一节　制造业企业薪酬设计概述

一、基本概念

从理论上讲，薪酬管理分为广义和狭义两方面。广义的薪酬管理是指，组织为实现组织战略和经营目标，维护企业文化以及吸引、留住、激励和开发员工，制定组织的薪酬战略、薪酬政策和薪酬制度，并且实施各项薪酬管理任务的过程；狭义的薪酬管理是指，组织针对员工提供的服务确定其薪酬体系、薪酬水平、薪酬结构、薪酬支付方式以及付诸实施的过程（刘昕，2017）。

本章针对制造业企业典型部门代表性岗位进行薪酬设计，深入探讨制造业企业典型部门代表性岗位的薪酬水平决策、薪酬体系选择、薪酬结构设计三个最重要的问题。

二、当代制造业特点对薪酬设计的影响

20世纪八九十年代的中国制造业企业很多由传统的国有大中型企业改制而来，技术基础薄弱，创新能力不强，产能过剩且落后。进入21世纪，国家通过供给侧结构性改革，陆续出台减税降费、简政放权、创新激励、金融扶持等一系列支持政策，极大改善了制造业的市场环境，为中国制造业的快速、健康发展创造了良好的外部宏观环境和产业环境。在制造业发展初期阶段，低劳动力成本一直是中国制造业企业在国际竞争中的重要竞争优势，中国也成为世界重要的加工工业基地。然而，在当今制造业领域，人工智能与制造业日益融合，对制造业企业经营管理产生了重大影响。人力资源管理中的薪酬管理工作相应发生变化。

（1）智能制造对劳动力的替代有效降低了劳动力成本。

随着中国产业结构调整、制造业转型升级进程加快，加之国内适龄劳动力持续减少，制造业人口红利正逐步消失，国内制造业劳动力成本不断提高。这些宏观经济因素促使中国制造业企业向自动化、数字化工厂、工业机器人等智能化转型，据工业和信息化部统计数据，已有将近50%的中国制造业企业引入了自动化生产线或智能化生产线，极大地降低了对劳动力的依赖，同时企业的劳动力成本降低了20%以上。

（2）智能制造高端人才需求的紧迫性客观要求较高的薪酬水平。

从薪酬设计的公平性理论可知，薪酬水平要体现企业外部公平性和内部公平性。企业外部公平性是指，在制造业内部各企业之间，同级人员的薪酬水平要大体相当，具体而言，企业高端人才的薪酬水平与行业内其他企业要基本相当，才能留住人才；企业内部公平性是指，在制造业企业内部各岗位，按照岗位评价的结果，岗位价值高的岗位人员薪酬水平应较高。此外，为使本企业对人才有吸引力，岗位薪酬的年调薪率应在可比性行业中有一定优势。

（3）智能制造高端人才需求的紧迫性客观要求薪酬体现激励差异性。

由当代制造业企业的特点可知，当下，先进制造业企业对掌握数字化的技术工人和智能制造工程技术人员的需求十分迫切。工业和信息化部的统计数据显示，近两年，自动化工程师、智能化工程师、算法工程师、大数据工程师，以及高级电焊工、工具钳工、高级车工等岗位人员十分缺乏。在此情况下，对紧缺高级人才的薪酬激励要与对普通员工的薪酬激励拉开差距，在薪酬结构设计方面要体现高端人才的独特贡献。

三、制造业企业薪酬调查

本书编写组对国内代表性制造业企业下属三家事业部人力资源部进行了为期两个月的调研访谈。本书将调研访谈文字汇总并整理，国内代表性制造业企业事业部薪酬管理工作调研访谈汇总，如表7-1所示。

表 7 - 1   国内代表性制造业企业事业部薪酬管理工作调研访谈汇总

序号	企业及事业部代码	岗位	薪酬调查访谈文字
1	A 制造业企业	高层管理人员	基本工资 + 年终奖 + 中长期激励 + 其他激励（高层管理团队的利润分享）。关键岗位即领导干部岗位，薪酬都是基于绩效等级计算的。 事业部从首席执行官到总经理再到下面的领导人员共分 8 级，高 1 ~ 高 8 不同的关键岗位。高级经理的 S1 ~ S3，每个档位内有 9 档薪酬
		中层干部	基本工资 + 年终奖 + 中长期激励 + 其他激励 642 薪酬体系：评级 ABC 分别对应六个月工资、四个月工资和两个月工资的年终奖。各个层级子公司的薪酬体系借鉴事业部，也分为 8 个层级：中 1 ~ 中 8，中层经理的 M1 ~ M3。每个级别内有 9 档薪酬
		研发人员	基本工资 + 年终奖 + 中长期激励 + 其他激励（特殊技术研发攻坚项目奖，增量毛利率奖） 研发人员基于绩效等级来算。642 薪酬体系：评级 ABC 分别对应六个月工资、四个月工资和两个月工资的年终奖 岗位和职称是影响薪酬高低非常重要的因素。岗位和职称共同决定薪酬，其中，产品设计、工艺、数字化、软件和质保都属于大的研发体系。研发人员 E1 ~ E3，每个级别内有 9 档薪酬。技术人员薪酬水平相当于管理团队，甚至可能更高
		普通员工	基本工资 + 年终奖。普通员工则是 421 薪酬体系：评级 ABC 分别对应四个月工资、两个月工资和一个月工资的年终奖 工人是有底薪的，工人属于计件模式而非计时模式，每个工种都有基本的工时和工价。员工的 E1 ~ E3，每个级别内有 9 档薪酬
2	B 制造业企业	高层管理人员	薪酬组成分为固定部分和浮动部分。公司领导固定部分和浮动部分的比例是 8∶2、7∶3
		中层干部	固定部分和浮动部分：主任级 4∶6，部长级 1∶1
		研发人员	固定部分和浮动部分：基础的技术人员 3∶7
		普通员工	工人没有固定部分，工人根据出勤计算，是四个 K 值。工人没有绩效，根据出勤和四个 K 值计算：35% 效率值、35% 产品质量、15% 安全、15% 行为，每个月都要考核工人，计时制 高级技术工人，10 万 ~ 18 万元；大师级别的技师，几万元到 30 余万元不等

续表

序号	企业及事业部代码	岗位	薪酬调查访谈文字
3	C 制造业企业	高层管理人员	高级经理是 S1、S2、S3。经理是 M1、M2、M3。薪酬宽带，分为 9 档
		研发人员	工程师按职称来定工资，是助理工程师、初级工程师、中级工程师还是高级工程师。中级工程师，分为三等，中一、中二、中三，高级工程师分为高一、高二、高三。薪酬宽带，分为 9 档。对于研发人员和工程技术人员，月薪内没有固定部分和浮动部分。岗位工资没有额外的浮动部分，浮动的是年度绩效奖金和半年度绩效奖金
		普通员工	普通的员工是专员，有专员 1、专员 2、专员 3，专员代码是 E，E1、E2、E3。宽带薪酬，分为 9 档。工人有评级，是计件工资：工时乘以工价是工资

注：为保守企业商业机密，企业名称用代码表示。

资料来源：笔者收集整理而得。

本书下文的制造业企业薪酬水平设计、薪酬体系选择、薪酬结构设计，均是基于制造业企业的特点，针对制造业企业薪酬的现存问题进行分析和设计。

第二节　制造业企业薪酬水平设计

薪酬水平是指，组织之间的薪酬关系，是组织相对于其竞争对手薪酬的高低程度。一个企业所支付的薪酬水平高低是该企业在劳动力市场上获取劳动力能力强弱的反映（苏列英，2006）。由于获取制造业企业高管薪酬数据有限，仅以制造业企业高管薪酬水平为例来说明。

本书从万得（Wind）数据库收集了 2016～2019 年制造业上市企业高层管理人员薪酬水平的 5 204 个数据样本。运用 Stata 15.0 软件分析了 2016～2019 年高层管理人员薪酬水平的集中趋势、分散性、分布特征三种情况。2016～2019 年制造业上市企业全样本描述性统计，如表 7-2 所示。

表 7 - 2 　　　　　　　　　2016～2019 年制造业上市企业全样本描述性统计

变量名称	平均值 （万元）	中位数 （万元）	标准差 （万元）	偏度	峰度	最小值 （万元）	最大值 （万元）
管理层年度 薪酬总额	815.7	569.8	154.4	5.96	59.08	49.9	1550.0
金额排名前三的 董事年度薪酬总额	275.4	191.6	84.6	7.79	146.40	13.9	918.0
金额排名前三的 高层管理人员 年度薪酬总额	279.2	194.6	82.4	5.34	49.17	50.3	509.0
董事长年度薪酬	107.0	66.0	34.5	9.58	22.29	25.0	408.0
总经理年度薪酬	118.0	67.4	38.6	4.05	25.38	10.0	233.0

资料来源：笔者根据万得（Wind）数据库 2016～2019 年上市制造业企业高层管理薪酬水平的相关数据计算整理而得。

1. 制造业上市企业高层管理人员薪酬集中趋势分析

在 2016～2019 年，金额排名前三的董事年度薪酬总额指标的均值为 275.4 万元，金额排名前三的高层管理人员年度薪酬总额指标的均值为 279.2 万元，高层管理人员薪酬呈现出低速增长和明显的市场化趋势。但公司间存在显著差异，金额排名前三的董事年度薪酬总额最低值为 13.9 万元，最高值为 918.0 万元，金额排名前三的高层管理人员年度薪酬总额最低值为 50.3 万元，最高值为 509.0 万元。可见，在董事群体和高层管理人员群体内薪酬水平差距很大。

2. 制造业上市企业高层管理人员薪酬分布特征

薪酬水平数据的分布特征主要是根据偏度指标和峰度指标来看，偏度指标和峰度指标反映了是否符合正态分布的程度。从数理统计理论上说，如果样本数据的分布对称，其偏度系数为 0，如果偏度大于 0 或者小于 0，表明数据呈非对称分布。若偏度大于 1 或者小于 -1，被称为高度偏态分布。

从表 7-2 高层管理人员薪酬水平偏度数据值看，偏度均大于 1，最高甚至接近于 10，最低也有 4.05，说明高层管理人员薪酬水平数据值均属于高度右侧偏态分布。此外，就峰度而言，一般将其与标准正态分布进行比较，由 Stata15.0 软件进行数据分析、计算的峰度未减 3，因此，是与 3 进行比较，而不是与 0 进行比较。如果峰度为 3，那么，服从标准的正态分布，否则，分布就是比正态分布更陡峭或更平坦。表 7-2 中董事长年度薪酬水平的峰度为 22.29，总经理年度薪酬水平的峰度为 25.38，峰度均远超过 3。说明国内制造业企业高层管理人员薪酬的分布比正态分布更陡峭。

基于以上分析，由高层管理人员薪酬水平呈现右侧高偏度和高耸峰度的数据分布特征可以判断，国内制造业上市企业高层管理人员年度薪酬水平普遍偏高，且高度集中于某一薪酬水平。

3. 制造业上市企业高层管理人员薪酬分散性分析

从薪酬水平的分散性看，由表 7-2 可知，标准差最大的为管理层年度薪酬总额 154.4 万元，董事长年度薪酬标准差为 34.5 万元，总经理年度薪酬标准差为 38.6 万元。基于此可以认为，国内制造业企业高层管理人员的年度薪酬水平分散性高，即相对于年均薪酬水平而言，董事长年度薪酬水平、总经理年度薪酬水平波动幅度较大，因此，可以判断国内不同制造业企业高层管理人员的年度薪酬水平差异较大。

综上所述，本节仅以制造业企业高层管理人员为例分析了高层管理人员薪酬集中性趋势、分布特征、分散性的数据特点。同理，为制造业企业各层级工作人员进行薪酬水平设计时，也要注意三点原则：首先，合理设计各层级工作人员平均薪酬水平。既要激励各级工作人员，又要控制人工薪酬成本；其次，各层级工作人员平均薪酬水平数据整体服从正态分布。避免偏态分布和没有区分度；最后，各层级内，不同岗位级别工作人员平均薪酬水平的差距要合理，做到薪酬激励内部公平。

第三节　制造业企业薪酬体系设计

薪酬体系决策要解决两大问题，薪酬体系的构成和基本薪酬决定方式。薪酬体系的构成是指，组织支付给员工的全部劳动报酬由哪几部分组成；基本薪酬决定方式是指，确定员工基本薪酬的基础，即岗位薪酬体系、技能薪酬体系、能力薪酬体系（刘昕，2017）。

一、制造业企业薪酬体系构成设计

根据本书编写组调研的制造业企业实际情况，目前，采取完全固定薪酬体系或完全绩效薪酬体系的制造业企业并不多见，大多数制造业企业采取混合薪酬体系，即"固定薪酬＋绩效薪酬"的薪酬体系。

（一）制造业企业薪酬组成的现状分析

1. 被调研制造业企业薪酬组成的经验分享

被调研的制造业企业有一些值得借鉴的做法，本书对访谈资料进行了归纳、总结，供制造业企业学习参考。

（1）研发岗位和关键岗位，即领导干部岗位的薪酬组成包括：基本工资、年终奖、中长期激励、其他奖励。首先，岗位和职称都是影响岗位薪酬水平高低的重要因素。企业研发人员和技术人员，都由岗位和职称共同决定薪酬，其中，产品设计、工艺、数字化、软件和质保都属于大的研发体系。而中层核心岗位以及普通职员岗位，分为员工、经理和高级经理三个岗级，分别对应 E 级、M 级和 S 级，而每个岗级又细分了 3 个小等级，分别对应员工的 E1～E3，经理的 M1～M3，高级经理的 S1～S3。这里的每个档位内都有 9 档薪酬。无论是核心岗位（普通管理人员）、关键岗位还是研发岗位，都采取宽带薪酬方式，即不受现有职级和岗位限制，而是凭实际业绩就可以享受相应职级岗位的待遇。

（2）对年终奖而言，研发人员和关键岗位领导干部的年终奖都是基于绩效考核结果确定的，即，如果年终绩效考核评级为 A 级，可享受六个月工资作为年终奖；为 B 级，可享受四个月工资作为年终奖；为 C 级，可享受两个月工资作为年终奖。对于职能部门的普通工作人员，如果年终绩效考核评级为 A 级，可享受四个月工资作为年终奖；为 B 级，可享受两个月工资作为年终奖；为 C 级，可享受一个月工资作为年终奖。

（3）中长期激励仅限于研发人员和关键岗位，例如，领导干部，普通职员不实施中长期激励，具体做法是提前授予与年终奖等额的股票激励，被授予的人员无法立即处置股票，但可以在五年内兑现其分红。操作方法是企业成立第三方持股平台，并在市场上以授予的额度乘以买入的股价买入股票后，给予被授予人分红权，可以在五年期限内根据股价进行抛售，通过集团业绩影响股价高低，进而激励持有股票分红权的研发人员和关键岗位领导干部。

（4）对于工人岗位，有的制造业企业工人年薪酬设置底薪，工人岗位计酬属于计件工资而非计时工资，每个工种都有各自基本的工时和工价。有的制造业企业工人薪酬没有设置底薪，而是根据工人出勤和四个绩效 K 值决定：35% 效率值、35% 产品质量、15% 安全、15% 行为表现。本书认为，工人薪酬水平本来就不高，工人薪酬应当设置底薪，以保障工人基本生活。若工人岗位不设置底薪，而是依据业绩计酬，一旦市场环境不好，企业经营效益不理想，工人的基本生活可能无法得到保障。

综上所述，国内先进制造业企业都十分重视对研发技术人员的激励，不少制造业企业研发人员的薪酬水平与中层管理岗位人员的薪酬水平相当，甚至达到高层管理人员的薪酬水平。此外，对于无论高管人员，还是研发技术人员以及普通职员，都实施宽带薪酬的激励，即不受岗位、职称限制，以业绩作为享受相应职级薪酬的主要依据。

2. 被调研制造业企业薪酬组成的缺陷分析

（1）有的制造业企业岗位薪酬的固定部分和浮动部分比例设计不合理。有的制造业企业，随着职级提升固定薪酬部分也增大。例如，薪酬分固定部分和浮动部分，有的制造业企业高层管理人员的固定部分和浮动部分的比例为 8∶2、7∶3，主任级为 4∶6，部长级为 1∶1，基础技术人员为 3∶7。这会造成无论企业经营成果如何，关键岗位领导干部每月均可稳定地拿到占比较大的固定薪酬。长此以往，中高层管理人员不思进取，企业经营管理效果难以得到保证。

（2）有的制造业企业工人的薪酬没有固定部分，而仅根据工人的出勤和绩效计酬。据调研了解到，制造业企业生产一线工人的薪酬水平在企业并不高，国内平均年薪酬水平只有 8 万元左右。在这种情况下，生产一线工人的薪酬如果没有固定部分，一旦市场情况不好，企业经营不善，受冲击的先是生产一线工人。根据人力资源和社会保障部统计数据，自 2020 年以来，制造业企业生产一线工人主动离职率近 30%。究其原因，薪酬水平不高和福利待遇不理想是主要原因，工作强度大、工作环境恶劣、工作时间长等也是部分原因。

（二）制造业企业薪酬组成设计

1. 制造业企业薪酬组成部分的激励效果分析

从薪酬理论上讲，企业薪酬的组成由固定薪酬、绩效薪酬、福利、特殊员工群体薪酬四部分组成（米尔科维奇等，2014）。根据管理学的双因素理论，固定薪酬和福利相当于保健因素，不具有激励作用；绩效薪酬和特殊员工群体薪酬相当于激励因素，具有绩效作用。本节结合被调研制造业企业薪酬的实际情况，对被调研企业薪酬各组成部分的激励效果进行了深入分析。

（1）被调研制造业企业设置的基本薪酬属于固定薪酬，只有保健作用，不具有激励作用。基本工资水平高，表明企业给予员工的经济保障高，无论企业经营效果好坏，员工每月均可以获得这份薪酬。

（2）被调研制造业企业设置的年终奖属于绩效薪酬，即与员工每个周期的绩效挂钩，全体员工为了获得该部分薪酬，都会争取在绩效考核中有好的表现，因此，该部分薪酬具有较强的激励效果。

（3）被调研制造业企业设置的中长期激励属于绩效薪酬中的长期绩效奖励计划，一般是针对领导干部和主要研发技术人员设置的，将企业长期战略发展与个人阶段性收益紧密结合。该部分薪酬对领导干部和研发人员具有较强的激励作用。

（4）被调研制造业企业设置的高层管理团队利润分享等，也属于群体绩效薪酬，它促使高层管理团队更多关心组织整体战略目标达成，同时，在企业经营不景气年份不必大量裁员或压低正常成本开支。该部分薪酬对领导干部具有较强的激励作用。

（5）被调研制造业企业设置的其他激励特指针对研发技术人员的激励，诸如"特殊技术研发攻坚项目奖""增量毛利率奖"，该部分薪酬对研发人员具有较强的激励作用。

2. 制造业企业薪酬组成的方案设计

基于以上对被调研制造业企业薪酬组成的分析和理论分析，本书针对制造业企业代表性岗位进行薪酬组成的方案设计。

为说明制造业企业职位等级和职位级别以及岗位名称的对应关系，绘制制造业企业职位等级和职位级别对应表，如表7－3所示。接下来，以固定工资和绩效薪酬为例说明薪酬组成设计。本书典型岗位包括：管理类岗位（含高层管理人员）、技术研发类岗位、技师类岗位、生产作业类岗位。制造业企业薪酬等级及薪酬组成表，如表7－4所示。制造业企业管理类岗位绩效薪酬等级档薪表，见表7－5。制造业企业技术研发类岗位绩效薪酬等级档薪表，见表7－6。制造业企业生产作业类岗位绩效薪酬等级档薪表，见表7－7。制造业企业销售类岗位绩效薪酬等级档薪表，见表7－8。

表 7-3　制造业企业职位等级和职位级别对应表

职位等级	职位级别	高层管理人员岗	管理职能岗		生产运营岗		研发技术岗		营销岗	
			人事行政管理	财务管理	经营管理	技师技工	技术管理	研发	营销管理	营销
A	24	董事长	✓	✓	✓		✓	✓		
	23		✓	✓	✓		✓	✓		
	22		✓	✓	✓		✓	✓		
B	21	总经理								
	20		✓	✓	✓		✓	✓		
C	19	副总经理	✓	✓	✓		✓			
	18		人力资源总监	财务总监	生产运营总监		技术总监	专家级工程师（设计、工艺、测试、开发）	销售总监	
	17									
D	16		人力资源部门主管	财务部主管	车间主任		部门经理/技术经理	高级工程师（设计、工艺、测试、开发）	部门经理/区域销售经理	资深销售经理
	15	✓								
	14									
E	13		人力资源部门副主管	财务部副主管	车间副主任	高级技师	部门副经理/技术副经理	工程师（设计、工艺、测试、开发）	部门副经理	高级销售经理
	12	✓								
	11									
F	10		人力资源科室主任	财务部科室主任	班组长/采购主管	中级技师/高级技工	项目部主管	助理工程师（设计、工艺、测试、开发）	✓	中级销售经理
	9	✓								
	8									

续表

职位等级	职位级别	高层管理岗	管理职能岗		生产运营岗		研发技术岗		营销岗	
		人员岗	人事行政管理	财务管理	经营管理	技师技工	技术管理	研发	营销管理	营销
G	7									
	6	/	人力资源科室副主任	财务部科室副主任	副班组长/采购专员	初级技师/中级技工	项目部专员	技术员（设计、工艺、测试、开发）	/	初级销售经理
	5									
H	4									
	3	/	人力资源科室专员	财务会计/财务出纳	经营管理专员/库管专员	普通技工	/	/	/	销售专员
	2									
	1									

注：①职位等级 A～H；职位等级分为 8 个等级，将对应财务费用内控的报销标准等级；②职位级别 24 级；职位级别划分，目的在于明确薪资制定标准以及职业发展通道，为加薪以及晋升提供依据；③公司岗位分五大类：高层管理类、生产运营类、管理职能类、研发技术类、营销类；④公司职位级别考评：公司年终评，依据考评结果进行职位级别考评，考评优秀提升 2 级，考评优良提升 1 级；⑤考评合格级别不变；考评差降低 1 级。原则上每次提升考评不超过三级。试用期工资范围：1 500～2 500 元（根据面试总体评分结果）；⑥实习岗规定补贴范围：1 000～2 000 元（根据面试总体评分结果）；⑦"/"表示此部分无内容。

资料来源：笔者收集整理而得。

175

表 7 - 4　　制造业企业薪酬等级及薪酬组成表

岗位大类	管理岗	研发岗	技师岗	作业岗	薪酬级差	薪酬等级	薪酬标准	固定工资	绩效工资	基本工资	岗位工资	绩效工资	中长期激励(年终奖)等	年薪(万元)
				岗位细类				比例(%)				薪酬组成明细(万元)		
	董事长	—	—	—		24级								
						23级								
高管层	总经理	—	—	—		22级								
						21级								
						20级								
	副总经理(总监级人员)	专家级工程师	—	—		19级								
						18级								
						17级								
	部门主管(车间主任)	高级工程师	—	—		16级								
中层人员						15级								
						14级								
	部门副主管(车间副主任)	工程师	高级技师	—		13级								
						12级								
						11级								

续表

岗位大类	岗位细类				薪酬级差	薪酬等级	薪酬标准	比例（%）		薪酬组成明细（万元）				
	管理岗	研发岗	技师岗	作业岗				固定工资	绩效工资	基本工资	岗位工资	绩效工资	中长期激励（年终奖）等	年薪（万元）
基层人员	科室主任	助理工程师	中级技师	高级技术工种		10级								
						9级								
			初级技师	中级技术工种		8级								
	科室副主任	技术员				7级								
						6级								
			—	初级技术工种/普通工种		5级								
员工	科室专员	—				4级								
						3级								
						2级								
						1级								

注：（1）需要说明的是，表7-4中的四大类岗位：管理岗、研发岗、技师岗、作业岗，与表7-3中的管理职能岗、研发技术岗、生产运营岗是对应的。表7-3中的管理职能岗，营销岗可参考表7-4中的管理岗设置薪酬等级。（2）"—"表示此部分无。

资料来源：笔者收集整理而得。

表 7 – 5 　　　　　制造业企业管理类岗位绩效薪酬等级档薪表

管理职务		薪酬等级	6 档	7 档	8 档	9 档	一	档差	等比
			1 档	2 档	3 档	4 档	5 档		
董事长	高级	24 级							
	普通	23 级							
总经理	高级	22 级							
	中级	21 级							
	普通	20 级							
副总经理	高级	19 级							
	中级	18 级							
	普通	17 级							
部门主管	高级	16 级							
	中级	15 级							
	普通	14 级							
部门副主管	高级	13 级							
	中级	12 级							
	普通	11 级							
科室主任	高级	10 级							
	中级	9 级							
	普通	8 级							

续表

管理职务		薪酬等级	6 档	7 档	8 档	9 档	—	档差	等比
			1 档	2 档	3 档	4 档	5 档		
科室副主任	高级	7 级							
	中级	6 级							
	普通	5 级							
科室专员	高级	4 级							
	中级	3 级							
	普通	2 级							
	基层	1 级							
备注									

注："—"表示无10档。

资料来源：笔者编制。

表 7 − 6　　制造业企业技术研发类岗位绩效薪酬等级档薪表

专业技术职称		薪酬等级	6 档	7 档	8 档	9 档	—	档差	等比
			1 档	2 档	3 档	4 档	5 档		
专家级工程师	资深	19 级							
	高级	18 级							
	普通	17 级							

续表

专业技术职称		薪酬等级	6 档	7 档	8 档	9 档	—	档差	等比
			1 档	2 档	3 档	4 档	5 档		
高级工程师	资深	16 级							
	高级	15 级							
	普通	14 级							
工程师	高级	13 级							
	中级	12 级							
	普通	11 级							
助理工程师	高级	10 级							
	中级	9 级							
	普通	8 级							
技术员	高级	7 级							
	中级	6 级							
	普通	5 级							
备注									

注:"—"表示无 10 档。

资料来源:笔者编制。

表 7 - 7　　　　制造业企业生产作业类岗位绩效薪酬等级档薪表

技师岗位		薪酬等级	6 档	7 档	8 档	9 档	—	档差	等比
			1 档	2 档	3 档	4 档	5 档		
技师技工岗	高级技师	13 级							
		12 级							
		11 级							
	中级技师/高级技工	10 级							
		9 级							
		8 级							
	助理技师/中级技工	7 级							
		6 级							
		5 级							
	普通技工	4 级							
		3 级							
		2 级							
		1 级							
备注									

注：表中"—"表示无 10 档。

资料来源：笔者编制。

表7-8 　　　　　　　制造业企业销售类岗位绩效薪酬等级档薪表

技师岗位		薪酬等级	6档	7档	8档	9档	一	档差	等比
			1档	2档	3档	4档	5档		
销售岗	资深销售经理	16级							
		15级							
		14级							
	高级销售经理	13级							
		12级							
		11级							
	中级销售经理	10级							
		9级							
		8级							
	初级销售经理	7级							
		6级							
		5级							
	销售专员	4级							
		3级							
		2级							
		1级							
备注									

注:"一"表示无10档。
资料来源:笔者编制。

二、制造业企业的薪酬体系决定方式

在明确员工基本薪酬的基础上，根据薪酬的决定方式，把薪酬体系分为职位薪酬体系、技能薪酬体系、能力薪酬体系（赵曙明，2021）。

（一）基于基本薪酬的薪酬体系的适用条件分析

（1）职位薪酬体系是指，薪酬设计应该根据职位的相对价值确定。这种薪酬体系基于对某一职位所应履行的义务、承担的责任进行评价，而与此职位上的任职人无关（赵曙明，2021）。

职位薪酬体系实施的适用条件：第一，岗位内容必须明确化、规范化和标准化；第二，岗位工作基本保持稳定；第三，要求人岗匹配，即员工能力与岗位要求匹配，不存在员工能力不能胜任岗位要求的情况；第四，企业中有较多职级，满足员工晋升要求；第五，企业薪酬水平总体较高，每一职级薪酬水平能满足员工基本生活需要。职位薪酬体系的最大特点是重点考虑岗位价值，较少考虑岗位员工的因素。

（2）技能薪酬体系是指，企业根据员工所具有的技能知识水平、技能种类等情况确定薪酬，技能薪酬体系主要以员工本人的技能要素作为薪酬设计依据（赵曙明，2021）。它可以分为深度技能薪酬体系和广度技能薪酬体系。深度技能薪酬体系是指从事的职位工作从简单劳动到复杂劳动深化发展的薪酬设计体系。广度技能薪酬体系是指从事的工作需要上游职位、下游职位、同级职位所要求的多种一般技能发展的薪酬设计体系（苏列英，2006）。

技能薪酬体系实施的适用条件：适合企业管理层和员工有长期合作的意向，且员工所在的组织属于有机式的组织结构，尤其适用于以下行业：连续流程生产技术的行业；大规模生产技术行业；服务行业；运用单位生产或小批量生产技术的行业（刘昕，2017）。

（3）能力薪酬体系是指，根据人的能力或潜力来确定其薪酬，可采取能力要求法进行分析。能力要求法将工作所需的能力分为5个维度和52种能力。该方法提供了一种人的全面能力分析清单，但所收集的信息有限（苏列英，2006）。因此，制造业企业应从实际经营状况出发，谨慎考虑本企业是否有必要实施能力薪酬体系。能力薪酬体系对组织结构扁平化、管理幅度和管理灵活性均有较高的要求。

（二）基于基本薪酬的薪酬体系的方案设计

本书根据制造业企业各类岗位的性质特点并结合各类人员的特质，介绍制造业企业各类岗位和人员适合采用何种薪酬体系。制造业企业不同类岗位对应薪酬体系，见表7-9。

表7-9 　　　　　　　　　制造业企业不同类岗位对应薪酬体系

序号	岗位类别	岗位名称	适合采用的薪酬体系
1	管理类	董事长、总经理、总监	职位薪酬/广度技能薪酬/能力薪酬
2		部门经理	职位薪酬 + 广度技能薪酬
3		职能人员（办公室职员、销售人员）	职位薪酬 + 广度技能薪酬
4	技术研发类	工程师	职位薪酬 + 深度技能薪酬
5	技师类	高级技师、首席技师	职位薪酬 + 深度技能薪酬
6	技术工人类	高级工、中级工、初级工、操作工	职位薪酬 + 深度技能薪酬

资料来源：刘昕. 薪酬管理 [M]. 北京：中国人民大学出版社，2017.

第四节　制造业企业薪酬结构设计

在国际薪酬标准中，薪酬结构是指薪酬设计中的薪酬等级、薪酬宽带、薪酬幅度等（伯杰，2021），而不是人们通常理解的薪酬组成部分，如固定工资、绩效奖金、津贴补贴等。薪酬结构为薪酬管理提供了高效的管理体系，使企业能够留住人才，提高员工满意度，提高对员工的激励水平和员工的敬业度，有利于人才管理（伯杰，2021），本书将深入探讨制造业企业典型性部门、代表性岗位的薪酬结构，包括薪酬等级、薪酬级差、薪酬幅度、薪酬重叠以及宽带薪酬等薪酬设计问题。

（一）岗位评价

岗位评价是对企业所设岗位的难易程度、责任大小等相对价值的多少进行评价，即确定该岗位在企业岗位体系中的相对价值。岗位评价是对岗位价值的判断，目的是纳入薪酬等级。通用的国际标准体系，从风险责任、知识与技能复杂性、努力程度要求和工作环境特征四方面分别确定 20～30 个不同的薪酬要素。岗位之间的相对价值是由各自包含的技能要求、工作努力程度、职责范围以及工作环境等要素决定的。一般而言，岗位评价方法有定性方法和定量方法，定性方法包括排序法和分类法，定量方法包括要素比较法和要素计点法（伯杰，2014）。岗位评价对于薪酬结构设计至关重要，是进行薪酬结构设计的基础。受篇幅所限，本书不对这四类岗位评价方法做具体介绍。

薪酬结构，见图 7－1。

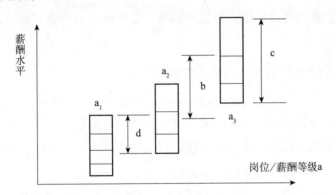

图 7－1 薪酬结构

资料来源：笔者绘制。

图 7－1 中各概念说明如下：

薪酬等级（a_1，a_2，a_3）：按工作评价的点数分成若干等级。一个等级内分为若干档。

薪酬级差（b）：相邻两个薪酬等级的薪酬标准相差的幅度。

薪酬幅度（c）：一个薪酬等级内最低薪酬与最高薪酬之间的差额。

薪酬重叠（d）：相邻薪酬级别之间薪酬额度的重叠区。

针对图 7 - 1 涉及的薪酬等级、薪酬级差、薪酬幅度、薪酬重叠，结合制造业企业的特点，作出以下分析。

（二）薪酬等级

1. 薪酬等级数量

企业按岗位评价的薪点数将组织内各职系薪酬水平从高到低分成若干薪酬等级，如图 7 - 1 中 a_1、a_2、a_3 所示。一般而言，薪酬等级数量设计需要考虑以下因素：

第一，薪酬等级是从劳动质量角度区分劳动差别的，具体包括工作复杂程度、工作繁重程度、工作重要程度、工作责任大小；

第二，薪酬等级是反映员工劳动熟练程度的标志；

第三，企业规模扩张往往需要更细致的薪酬等级划分，以满足不同员工的需求；

第四，薪酬等级数量要与技术标准、业务标准的等级相适应，并具有相对稳定性。

2. 薪酬等级设计需考虑的因素及总原则

（1）企业规模大小。一般而言，企业规模越大，其岗位数量相应越多，薪酬等级数量相应更多。国内大中型制造业企业很多都达到了上万员工规模，企业下属的一个事业部都达到八千员工规模。因此，针对大中型制造业企业，薪酬等级数量应多设计一些。

（2）岗位价值的差别大小。根据岗位评价确定每个岗位的价值，岗位价值差别大，薪酬等级数量相应就应该多设计一些，以充分体现岗位之间的价值差异。随着制造业企业的智能化发展，对研发人员素质能力的要求越来越高，甚至要求生产一线技师和技术工人会编程序，因此，在进行薪酬等级数量设计时，应多设计一些，以充分反映不同技术水平人员的价值贡献。

（3）薪酬政策线的斜率。薪酬政策线斜率越大，说明相对于同行业的市场薪酬水平，本企业薪酬水平越高，因此，薪酬等级数量就应多设计一些。反之，薪酬等级数量就应少设计一些。据国内诸多咨询机构发布的报告显示，国内制造业企业整体平均薪酬水平在各产业内处于中等偏上水平，而智能制造业平均薪酬水平则处于上等水平。在制造业行业内部，电子制造业和电气设备制造业的薪酬水平较高，薪酬等级数量就应该多设计一些；机械制造业的薪酬水平偏低，薪酬等级数量就应该少设计一些。

（4）管理层对于薪酬分配的价值观。如果企业高层鼓励竞争，通过拉大收入差距体现按劳分配原则，薪酬等级数量就应该多设计一些，反之，薪酬等级数量就应该少设计一些。

（5）企业文化。组织全体员工能否接受较大的收入差距，也是影响薪酬等级数量设计的重要因素。薪酬等级设计的总原则：不能处于同一个薪酬等级，岗位价值差别却很大，也不能岗位价值稍有差异就处于两个不同的薪酬等级，否则，就会损害内部公平性。根据实践经验，薪酬等级数量一般平均在 10 ~ 30 个为宜。

3. 薪酬等级设计要点

（1）薪酬等级设计要以岗位等级为依据。职位等级要以岗位评价结果为依据，根据岗位评价得到每个岗位的最终薪酬数，划分职位等级，薪酬等级与职位等级相对应。薪酬等级数量多少和区间宽窄，是一个重要的决策。

（2）同一薪酬等级内再划分为若干档次，以反映员工在同一职位级别上的能力和绩效的差别。也就是说，除了员工晋升等岗位变动，员工在同一薪酬等级的变动范围内不能超过该薪酬等级的上下限。

（3）薪酬等级间的标准可以重叠，以弥补晋升机会少造成的矛盾。新的理念主张不同层级之间重叠度不同，低级别，高重叠度；高级别，低重叠度。

（三）薪酬级差

薪酬级差是相邻两个薪酬等级的薪酬标准相差幅度（刘昕，2017），如图 7 - 1 中 b 所示。薪酬级差有两种表示法：绝对数表示法，即相邻两等级薪酬标准绝对额之差；相对数表示法，即某一等级薪酬标准与最低等级薪酬标准对比关系。根据薪酬结构理论，在组织薪酬总额一定的条件下，各薪酬等级的级差越大，则薪酬等级数量就应越少；反之，薪酬等级数量应越多（刘昕，2017）。由此可知，薪酬等级的级差大小决定了薪酬等级数量的多少。薪酬等级级差的大小，应与各岗位等级之间的劳动复杂程度、劳动熟练程度成正比。换句话说，岗位级别越高，相邻两个薪酬级差也应越大，以充分体现高级岗位、中级岗位、初级岗位的价值贡献差异。

根据岗位评价理论可知，岗位要素采用国际通用的标准体系，从风险责任、知识与技能复杂性、努力程度要求和工作环境特征四方面分别确定20~30个不同的薪酬要素。也就是说，组织内任何岗位价值都包含上述四大类薪酬要素，只是不同类别岗位的权重和侧重点不同，因此，不同类别岗位的价值量不同。

就制造业企业而言，高层管理人员、中层干部、研发人员、技师以及技术工人的岗位价值量不同，并且，组织内岗位从低到高的价值量递增不是简单的线性变化，而是价值量递增速率呈快速增长的变化。从几何图形上看，表现为开口向上的抛物线的右分支曲线。

薪酬级差，见图7-2。由图7-2可知，第3、4、5三个薪酬等级中的虚线表示该等级的薪酬中值，级差a应大于级差b。具体而言，高层管理人员与中层干部的薪酬级差，相较于中层干部与研发人员的薪酬级差更大，而中层干部与研发人员的薪酬级差，相较于研发人员与技师人员的薪酬级差更大。

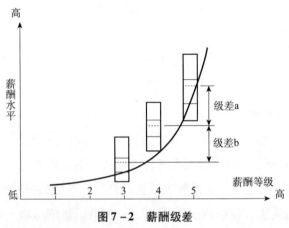

图7-2　薪酬级差

资料来源：笔者绘制。

（四）薪酬幅度

薪酬幅度是指，在一个薪酬等级内最低报酬和最高报酬之间的差额即薪酬等级的范围，如图 7−1 中 c 所示。它反映了员工从没有经验到完全能胜任这一工作期间薪酬水平的变化。工作评价中点数少（等级数目少）、价值低的岗位，其薪酬幅度应小一些。薪酬幅度的下限称为起薪点，薪酬幅度的上限称为顶薪点。本书通过列举八个薪酬等级，展示了薪酬幅度与薪酬等级关系，如图 7−3 所示。

（单位：百元）

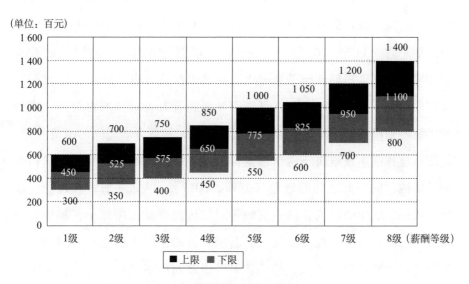

图 7−3 薪酬幅度与薪酬等级关系

资料来源：笔者绘制。

由图 7−3 每个薪酬等级中位值的变化可知，随着薪酬等级递增，薪酬幅度也在增加。第 1 薪酬等级的薪酬中位值为 450，第 8 薪酬等级的薪酬中位值为 1 100，是第 1 薪酬等级的约 2.4 倍。

结合本书概述部分制造业企业的特点，国内先进制造业企业尤其是以智能制造为代表的制造业企业，在薪酬幅度设计方面，分岗位大类时应注意三点：第一，管理职能岗位，高层管理人员薪酬幅度应大于中层干部薪酬幅度，中层干部薪酬幅度应大于基层干部薪酬幅度；第二，技术研发岗位，高级研发人员薪酬幅度应大于中级研发人员薪酬幅度，中级研发人员薪酬幅度应大于初级研发人员薪酬幅度；第三，技师和技术工人岗位，高级技师薪酬幅度应大于中级技师薪酬幅度，中级技师薪酬幅度应大于技术工人薪酬幅度。总原则是，高级技术管理人员薪酬幅度应大于中级技术管理人员、初级技术管理人员的薪酬幅度。

（五）薪酬重叠

薪酬重叠是指，相邻薪酬级别之间薪酬额度的重叠，如图 7 - 1 中 d 所示。薪酬重叠可以有效地避免晋升名额有限导致的组织内部冲突和组织内部矛盾（刘昕，2017）。一方面，可以避免晋升名额有限造成晋升者和未被晋升者短期薪酬差距过大，导致未被晋升者心理落差过大产生强烈的不公平感；另一方面，可以引导激励晋升者继续努力工作，从薪酬等级的初级档晋升至中级档，从而体现与未被晋升者之间的价值差异。薪酬重叠程度主要取决于两个因素：薪酬等级内部的区间变动比率和薪酬等级的区间中值之间的级差（刘昕，2017）。根据薪酬重叠理论，薪酬等级的区间中值越大，同一薪酬等级的区间变动比率越小，相邻薪酬等级之间的重叠区应越小。反之，薪酬等级的区间中值越小，同一薪酬等级的区间变动比率越大，相邻薪酬等级之间的重叠区应越大。薪酬重叠设计有以下三个要点。

（1）相邻两个薪酬级别中的工作在工作评价中的差异越大，重叠程度越低；

（2）如果企业给予薪酬增长主要以工龄、资历为依据，那么，相邻两个薪酬等级间重叠程度较高；

（3）薪酬等级数量多，薪酬幅度较小，薪酬重叠可能性越大。

为了形象地说明岗位等级、薪酬水平、薪酬等级（含薪档）、薪酬重叠等的关系，本书绘制图表说明，岗位等级、薪酬等级及薪酬重叠关系，见图 7 - 4。

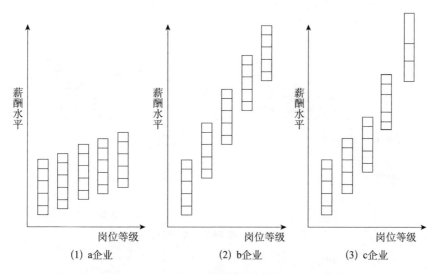

图7-4　岗位等级、薪酬等级及薪酬重叠关系

资料来源：笔者绘制。

由图7-4可知，在a企业中，高薪酬等级与低薪酬等级的薪酬幅度没有差别，各薪酬等级之间重叠大，且各薪酬等级的档次差距相等，因此，薪酬等级内部、薪酬等级之间都缺乏激励；在b企业中，高薪酬等级与低薪酬等级的薪酬幅度没有差别，各薪酬等级之间重叠没有差异，尤其中高级人员价值差异体现不出来，且各薪酬等级的档次差距相等，因此，薪酬等级内部缺乏激励；在c企业中，高薪酬等级与低薪酬等级的薪酬幅度差别不明显，低薪酬等级之间重叠大，高薪酬等级之间重叠小，且各薪酬等级的档次差距随着岗位等级提高而增大，因此，薪酬等级内部和薪酬等级之间都能体现组织激励。

（六）宽带薪酬

1. 宽带薪酬基本知识

宽带薪酬是指，把较多的工资等级重新划分成为数不多的几个工资宽带，每个宽带都有相当规模的工资全距（米尔科维奇，2014）。

传统薪酬与宽带薪酬比较，见图 7 - 5。

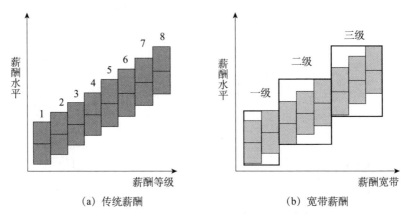

（a）传统薪酬　　　　　　　（b）宽带薪酬

图 7 - 5　传统薪酬与宽带薪酬比较

资料来源：笔者绘制。

由图 7 - 5 可知，图 7 - 5（a）的传统薪酬 1 ~ 2 等级合并为图 7 - 5（b）的宽带薪酬的一级，传统薪酬的 3 ~ 5 等级合并为宽带薪酬的二级，传统薪酬 6 ~ 8 等级合并为宽带薪酬的三级。由此可知，宽带薪酬的最大特点是压缩薪酬等级。首先，宽带薪酬适用于新型的无边界组织以及强调低专业化程度、多职能工作、跨部门流程、更多技能以及个人权威或团队权威（刘昕，2017）。与传统的薪酬结构相比，首先，宽带薪酬适应了扁平化组织结构中对人员激励的客观要求；其次，晋升的目的之一是获取更高一级的薪酬水平，而宽带薪酬将职位晋升和薪酬待遇分隔开，使员工更注重自身技能和能力的提升；再次，宽带薪酬将不同薪酬等级的不同岗位纳入宽带薪酬中的同一等级，有利于企业激励低职级的员工努力工作；最后，实施宽带薪酬的企业要以市场为导向，关注市场同行业企业的薪酬水平，并适时调整本企业的薪酬策略，使得本企业薪酬有利于吸引并留住人才。

2. 制造业企业宽带薪酬设计的要点

（1）薪酬宽带的数量确定。

根据国内制造业企业的特点，可以至少设置 4 个薪酬宽带，即高层管理级、职能管理级、技术研发级、技师技工级。在每个薪酬宽带内不再严格区分薪酬等级及其薪档。只要该薪酬宽带内岗位的员工取得相应业绩，就可以享受该薪酬宽带内的相应级别待遇。

（2）宽带薪酬中各职系的薪酬定价。

宽带薪酬设计中的一个难点是，同一宽带内可能存在若干职系，这些职系可能相关，也可能不相关。例如，会计和审计两个职系都可以归于宽带薪酬的职能管理类，而人力资源管理也归于宽带薪酬的职能管理类。一个可参考的宽带薪酬定价做法是，参照市场同行业、同类岗位的薪酬水平，对同一薪酬宽带中不同职系的薪酬分高、中、低三档定价。

（3）薪酬宽带中员工的定位。

根据基本薪酬的依据划分，薪酬体系可分为职位薪酬体系、技能薪酬体系和能力薪酬体系。因此，也可用三种方式将员工分别列入薪酬宽带的不同位置。第一，侧重业绩导向的，可根据业绩将员工置于薪酬宽带的合适位置；第二，侧重技能导向的，可根据员工技能水平将员工置于薪酬宽带的合适位置；第三，侧重能力导向的，可根据其胜任力等能力将员工置于薪酬宽带的合适位置。

（4）薪酬宽带内和薪酬宽带间的薪酬调整。

根据国内制造业企业的特点，至少可以设置4个薪酬宽带。例如，高层管理级、职能管理级、技术研发级、技师技工级。在同一级别的薪酬宽带内部，参照同一薪酬等级的做法即可。若调整为不同级别的薪酬宽带，也就是所在的职类发生较大变化，例如，由技术研发类岗位调动到职能管理类岗位，就属于跨级别的薪酬宽带间的调整。处理这一问题的关键是确定员工的薪酬变动标准，即体现不同薪酬宽带之间的薪酬调整。

♦ 思考题

1. 请分析制造业企业特点对薪酬设计的影响。

2. 试分析薪酬体系、薪酬水平、薪酬结构三者的内在联系。

⚙ 小测验

1. 由薪酬设计的公平性理论可知，薪酬水平要体现企业_____和_____。

2. 根据薪酬的决定方式，把薪酬体系分为_____、_____、_____。

3. 职位薪酬的最大特点是重点考虑_____，较少考虑_____。

4. 岗位评价是对_____的判断，进而纳入_____。

5. 通用的国际标准体系，从_____、_____、_____和_____四方面分别确定_____个不同的薪酬要素。

6. 薪酬等级设计总的原则：不能_____；也不能_____。

参考文献

［1］陈笃升，王重鸣．职业信息网络的框架、特征和应用［J］．心理科学进展，2013，21（4）：721－731．

［2］陈俊梁．工作分析：理论与实务［M］．北京：中国人民大学出版社，2017．

［3］高煜．我国经济高质量发展中人工智能与制造业深度融合的智能化模式选择［J］．西北大学学报（哲学社会科学版)，2019，49（5）：28－35．

［4］郭存德．加快制造业智能升级步伐［J］．人民论坛，2019（24）：76－77．

［5］霍力岩，赵清梅．多元智力理论的评价观及其对学生发展评价的启示［J］．比较教育研究，2005（4）：45－50．

［6］黄启斌，熊曦，宋婷婷，等．智能制造能力对制造型企业竞争优势的影响机制研究［J］．经济问题，2023（2）：76．

［7］［美］加里·德斯勒．人力资源管理［M］．1版．刘昕，译．北京：中国人民大学出版社，2017．

［8］［美］兰斯·A. 伯杰，多萝西·R. 伯杰．薪酬管理［M］．北京：机械工业出版社，2021．

［9］廖泉文．招聘与录用［M］．北京：中国人民大学出版社，2018．

［10］李永红，王晟．互联网驱动智能制造的机理与路径研究——对中国制造2025的思考［J］．科技进步与对策，2017，34（16）：56－61．

［11］李育辉．培训与开发［M］．北京：中国人民大学出版

社，2022.

[12] 林筠．绩效管理［M］．西安：西安交通大学出版社，2009.

[13] 刘善仕，王雁飞．人力资源管理［M］．2版．北京：机械工业出版社，2021.

[14] 刘胜，陈秀英．"机器换人"能否成为全球价值链攀升新动力？［J］．经济体制改革，2019（5）：179－186.

[15] 刘昕．人力资源管理基础［M］．4版．北京：中国人民大学出版社，2020.

[16] 刘昕．薪酬管理［M］．北京：中国人民大学出版社，2017.

[17] 陆美．大数据时代下制造企业人力资源管理工作的几点思考［J］．人才资源开发，2018（4）：86－87.

[18]［美］乔治·米尔科维奇，杰里·纽曼，巴里·格哈特．薪酬管理［M］．成得礼，译．北京：中国人民大学出版社，2014.

[19]［美］罗宾斯．组织行为学［M］．7版．孙健敏，李原，译．北京：中国人民大学出版社，1997.

[20]［美］彼得·德鲁克．管理的实践［M］．北京：机械工业出版社，2022.

[21] 覃大嘉，曹乐乐，施怡，等．职业能力、工作重塑与创新行为——基于阴阳和谐认知框架［J］．外国经济与管理，2020，42（11）：48－63.

[22] 石金涛．培训与开发［M］北京：中国人民大学出版社，2017.

[23] 孙健敏．组织行为学［M］．北京：高等教育出版社，2019.

[24] 苏列英．薪酬管理［M］．西安：西安交通大学出版社，2006.

[25] 王怀明．绩效管理：理论、体系与流程［M］．北京：北京大学出版社，2022.

[26] 王丽娟．招聘与录用［M］．北京：中国人民大学出版社，2012.

[27] 咸金坤，兰袁，汪伟．人口老龄化与企业对外直接投资——

基于中国制造业上市企业的经验研究［J］．国际金融研究，2022（8）：34-43.

［28］萧鸣政．人力资源开发的理论与开发［M］．北京：高等教育出版社，2016.

［29］徐世勇，陈伟娜．招聘与人才测评［M］．北京：中国人民大学出版社，2021.

［30］延建林，孔德婧．解析"工业互联网"与"工业4.0"及其对中国制造业发展的启示［J］．中国工程科学，2015，17（7）：141-144.

［31］杨倩．员工招聘［M］．西安：西安交通大学出版社，2006.

［32］杨生斌．培训与开发［M］．西安：西安交通大学出版社，2009.

［33］易思源，王辉，龚其国，等．团队经验多样性与团队绩效——来自制造业的证据［J］．管理评论，2022，34（7）：236-245.

［34］［美］约翰·伯纳丁．人力资源管理实践的方法［M］．赵曙明，彭纪，译．南京：南京大学出版社，2009.

［35］赵福全，刘宗巍．工业4.0浪潮下中国制造业转型策略研究［J］．中国科技论坛，2016（1）：58-62.

［36］赵曙明．人力资源管理总论［M］．南京：南京大学出版社，2021.

［37］赵曙明，高素英，耿春杰．战略国际人力资源管理与企业绩效关系研究——基于在华跨国企业的经验证据［J］．南开管理评论，2011，14（1）：28-35.

［38］赵曙明，张敏，赵宜萱．人力资源管理百年：演变与发展［J］．外国经济与管理，2019，41（12）：50-73.

［39］赵曙明．人力资源管理总论［M］．南京：南京大学出版社，2021.

［40］张敏，赵宜萱．机器学习在人力资源管理领域中的应用研究［J］．中国人力资源开发，2022，39（1），71-83.

［41］张兴祥，庄雅娟，黄明亮. 全球价值链下中国制造业镜像与突围路径研究——基于"双循环"新发展格局的视角［J］. 人文杂志，2020 (11)：72 – 82.

［42］Berg J. M. , Dutton J. E. , Wrzesniewski A. , et al. Job crafting exercise ［M］. *Ann Arbor, MI：Regents of the University of Michigan*, 2008.

［43］Brumbranch. Performance management ［M］. *London：The Cronwell Press*, 1988：15.

［44］Campbell J P. Modeling the performance prediction problem in industrial and organizational psychology ［M］. *In M. D. Dunnette & L. M. Hough (Eds.), Handbook of industrial and Organizational Psychology. Palo Alto, CA：Consulting Psychologists Press*, 1990.

［45］Demerouti E. , Bakker A. B. Job crafting ［A］. Peeters M. C. W. , de Jonge J. , Taris T. W. An introduction to contemporary work psychology ［C］. *Hoboken：Wiley-Blackwell*, 2014：414 – 433.

［46］John M. Ivancevich, Robert Konopaske，赵曙明，程德俊. 人力资源管理［M］. 12 版. 北京：机械工业出版社，2019.

［47］Judie M. Gannon, Liz Doherty & Angela Roper. The role of strategic groups in understanding strategic humanresource management ［J］. *Personnel Review*, 2012 , 41 (4)：513 – 546.

［48］Kaplan S. R. , Norton D. P. The balanced scorecard—measures that drive performance ［J］. *Harvard Business Review*, 1992：71 – 78.

［49］Levine, J. D. , & Oswald, F. L. O ＊ NET：The occupational information network. In M. A. Wilson, R. J. Harvey, G. M. Alliger, & W. Bennett, Jr. (Eds.), The handbook of work analysis：The methods, systems, applications, and science of work measurement in organizations ［M］. *New York：Routledge Academic*, 2012：281 – 301.

［50］Lyons P. The crafting of jobs and individual differences ［J］. *Journal of Business and Psychology*, 2008, 23 (1 – 2)：25 – 36.

［51］ Michel Ehrenhard, Bjorn Kijl, Lambert Nieuwenhuis. Market adoption barriers of multi-stakeholder technology: Smart homes for the aging population ［J］. *Technological Forecasting & Social Change*, 2014, 89: 306 – 315.

［52］ Tayor & Francis. From functional job analysis: A foundation for human resource management ［M］. *Lawrence Erlbaum Associates, Inc.* , 1999.

［53］ Tims M. , Derks D. , Bakker A. B. Job crafting and its relationships with person-job fit and meaningfulness: A three-wave study ［J］. *Journal of Vocational Behavior*, 2016, 92: 44 – 53.